ドイツ人はなぜ、毎日出社しなくても世界一成果を出せるのか

7割テレワークでも生産性が日本の1.5倍の秘密

熊谷 徹

SB新書

541

まえがき

日本では多くの会社員が、２０２０年春のコロナ・パンデミック第1波で、生まれて初めて長期間の在宅勤務（テレワーク）を経験した。

読者の皆さんは、テレワークについて、どんな感想を持っただろう。「同僚と喋ったり、ランチに行ったりできないのでつまらない」「一日中、自宅でＰＣの画面を見つめているのは、気が滅入る」と思っただろうか。中には「毎朝すし詰めの満員電車に乗らなくて良いことはありがたい」とか「家族と一緒に過ごす時間が増えたので、嬉しい」と感じた人もいるかもしれない。

だが２０２０年夏以降、日本ではテレワークに関する議論は下火になった。２０２１年1月に日本でも新型コロナウイルス変異株「B.1.1.7」が見つかり、毎日の新規感染者数が増えた。東京や大阪などでは2度目の緊急事態宣言が発出されたにもかかわらず、早朝の通勤列車は相変わらず混雑していた。**技術的にテレワークが可能なのに、上司から出社を求められている会社員は少なくない。**

上司や同僚の前では大きな声で言えなくても、心の奥底にある本音の部分では、「1週間の内、数日は自宅で働ければいいいな」と感じている人は、多いのではないか。

私が31年前から住んでいるドイツでは、いま「テレワーク革命」が進んでいる。この国では、パンデミック勃発以来、日本以上にテレワークが普及した。2020年春にコロナ禍が起こると、この国の多くの企業は、驚くべき速さでテレワークを拡大した。多くの経営者たちは「テレワーク中心の働き方への移行は、容易だった」と語っている。

ドイツのIT業界の団体が発表した推計によると、2020年12月の時点でオフィスに全く行かずに、100%自宅で働いていた会社員の数は約1050万人。これは全体の約4分の1にあたる。1週間の内数日テレワークを行っている人も含めると、約45%が少なくとも部分的に自宅で働いていたことになる。

これらの企業では、テレワークを拡大した後も業務には支障が出なかった。それどころか、多くの社員たちが「オフィスで働く以上に生産性が向上した」と答えている。

さらにドイツでは将来パンデミックが終息した後も、テレワークが勤務形態の一部として定着しようとしている他、**現在はテレワークが難しい製造業についても、デジタル化を**

加速させることで、部分的に在宅勤務を可能にさせるための取り組みが進んでいる。

つまりコロナ禍が新たな働き方改革の引き金となったのだ。この国では、テレワークをどのように定着させれば、市民そして企業にとってベストの結果が得られるかについて、活発な議論が行われている。その議論の中には、我々日本人がワークライフバランスの改善について考える上で、参考になる内容が含まれている。

日本のメディアがほとんど伝えない、ドイツ・テレワーク革命の実態について、現地からお伝えする。

2021年3月　ミュンヘンにて

熊谷 徹

注

その1

為替レートは1ユーロ＝126円で統一している。

その2

ドイツのテレワーク（在宅勤務）には、次の2つの形態がある。

①ホーム・オフィス（Home Office）＝企業が社員の自宅にデスクトップ型ＰＣ、プリンター、モニター、無線ＬＡＮのためのルーターなどのＩＴ関連機器を用意し、オフィスとほとんど同じ条件で働けるようにする。

②モバイル・ワーキング（Mobile Working）＝社員は企業のノートブック型ＰＣを使ってオフィス外（大半は自宅）で仕事をする。ほとんどの場合、企業はプリンター、モニター、無線ＬＡＮなどの機器を用意しない。社員は、自分が持っている機器を使う。ドイツのテレワークは、この形態が大多数を占める。

本書では便宜上、どちらの形態についても、日本人にとって馴染み深いテレワークという言葉を使う。

その3

本書に登場する人物のイニシャルは仮名であり、その人の名前のイニシャルではない。

『ドイツ人はなぜ、毎日出社しなくても世界一成果を出せるのか』 目次

まえがき …… 3

序章 日本を大きく上回るテレワーク比率でもドイツ人の生産性が高い秘密
——ドイツ流・消耗しない働き方

「毎日出社」が当然の日本人 …… 16
テレワークで生活の質が改善 …… 20
7割在宅でゆったり働く …… 21
オフィス勤務から解き放たれた約2000万人の会社員 …… 22
日本人は「出社したがり病」？ …… 24
ドイツもかつては「テレワーク小国」だった …… 26

デジタル化が「仕事は会社でしかできない」という発想を壊した……28
好きな場所で働いて、消耗せずに成果を挙げる……30
勤務時間の柔軟化を始めていたドイツ……33
ドイツ人が「出社至上主義」を抜け出せたワケ……36
「リモート社会」へ進化したドイツ……38
部下の健康を守らない上司は降格……39
とにかく全体の調和を重んじる日本の会社……41
チームだけでなく、個人も重視するドイツ社会……43
「無言の圧力」が日本よりも少ない……44

第1章

ドイツではなぜ、出社しない働き方が普及したのか

——自宅でも成果を挙げられることをみんなが学んだ国

経営者・社員双方がテレワークを歓迎……48

通勤のストレスから解放されたドイツ人 …… 50
ミュンヘンの通勤事情 …… 51
署名・捺印のための出社はありえない …… 53
人生を充実させるワークライフバランス …… 54
テレワークで仕事のストレスが減った …… 56
残業しない社員が最も評価される …… 58
精神論より合理主義の国ドイツ …… 60
テレワークが勤務形態の一部として定着 …… 62
世界中から才能が集まる「バーチャル・オフィス」 …… 64
住む国も国籍も超えて仲間とつながる …… 66
オフィス勤務は「過去の遺物」？ …… 67
テレワークでオフィス費用を大幅に削減 …… 68
金融業界もテレワークが基本 …… 71
リモート会議で出張経費も節約 …… 73

第2章

「むやみに出社させない国」に進化したドイツ

――今、加速する「インダストリー4・0」

「製造業にもテレワーク導入」が究極の目標……78
金融業界と製造業界の間でテレワーク比率に大きな格差……79
出社を強制しない社会へ――今、進む「インダストリー4・0」……84
物づくりをリモート化する「スマート工場」……86
「肉体労働がなくなる日」も近い?……88
人の業務は「創造的な仕事」だけに……90
デジタル・プラットフォームで部品販売も自動化……91
工場の製造キャパシティーを売る「デジタル経済」……93
コロナ禍により「デジタル社会」への最初の一歩を踏み出したドイツ……95
デジタル化に利点を見出す人が増えた……98

ドイツ物づくり業界の大黒柱＝中小企業のデジタル化を急げ……100
デジタル化にブレーキをかけた好景気……102
「我が社にとって、インダストリー4・0は無関係」という企業……103
伝統的ビジネスモデルから抜け出せない企業も……104
突如訪れたドイツ社会の大転換……108

第3章 「ひとりひとりがマイペースで働く権利」を保障する国
――ドイツ流・働きすぎを防ぐ仕組み

初の「テレワーク政令」……112
テレワークを許可しない経営者には罰金……113
国民の安全のために出社を極力減らす……114
政界・経済界・労働組合が三つ巴で論争……116
働き方を個人が決める「モバイル・ワーキング法案」……118

在宅でも働きすぎを防止……121
経営側はテレワーク法制化に強く反発……123
テレワーク権の法制化を要求する労働組合……124
働く個人を「経費節減のためのテレワーク」から守る……127
テレワーク法制化が総選挙の争点の1つに……129
保守政党が対案を公表……131
国の強制力で「出社要求勢力」を圧倒……134
在宅強化で国民の健康を守る……135
経済活動にも政府による秩序を重視する「社会的市場経済」……137

第4章 経済的な豊かさよりもオフタイムを大切にするドイツ人
――お金の奴隷にならない生き方

1日10時間以上の労働は禁止……140

有給休暇100%消化でも屈指の経済大国……143
病休でも6週間、給料が100%払われる……146
時短によって、労働生産性は日本の1・5倍……148
高い給料より余暇を選ぶドイツ人……150
介護や育児のために週労働時間を一時的に28時間に……151
生活事情に合わせて労働時間を変更できる……153
お客様は王様、社員は王子様……155
ドイツ人に学ぶお金の奴隷にならない生き方……156
「入念な擦り合わせ」の伝統もテレワーク普及には逆風？……158
〝次の危機〟に備えて、新しいワークスタイルへ転換を……159

第5章

人とつながり、幸せを分かち合う国・ドイツ

──人生にゆとりを生み出すヒント

個人の幸福と経済を両立させる「ハイブリッド型」ワークスタイル …… 164
テレワーク時代にもリアルのオフィスワークは残る …… 166
ニューノーマルで、好きな場所、好きな時間に働ける社会に …… 167
同調圧力でなく法で規制を …… 168
経済成長よりも個人の幸せを優先させる国 …… 170
ドイツのテレワーク革命に、日本人が学ぶべきこと …… 172
「本当の豊かさ」を分かち合う社会へ …… 174
「仕事が生き甲斐」の価値観から脱却するヒント …… 176
あとがき …… 178
参考ウェブサイト …… 180

序章

日本を大きく上回るテレワーク比率でもドイツ人の生産性が高い秘密

――ドイツ流・消耗しない働き方

「毎日出社」が当然の日本人

２０２０年春に初めてテレワークを経験した人は、「通勤時間がゼロになって良かった」と感じたのではないだろうか。

首都圏では、自宅と会社の間の行き来に、毎日約2時間かかるのは珍しくない。たとえばニッセイ基礎研究所が２０２０年に発表した調査結果によると、東京都周辺のある県に住む人の片道通勤時間は、53・４分と全国で最も長かった。自宅と勤め先の間の往復に、毎日１・８時間が失われていることになる。月曜～金曜日まで働くとすると毎週9時間、1ヶ月（5週間とする）の通勤時間は45時間になる。２０２０年の日数から日曜日と祝日、有給休暇10日間を引いた稼働日数を２８８日とすると、この県の居住者は、毎年平均およそ５１８時間を通勤のために費やしていることになる。10年間で５１８０時間。２１６日間を電車やバス、地下鉄などの中で過ごすことになる。

テレワークによって通勤時間をゼロにし、他の有意義な活動に回すことができるとしたら、働く者のストレス、疲労度は大きく減る。さらに企業、社会にとっても生産性が大きく向上するという利点をもたらす。

２０２０年２月下旬以降、日本で新型コロナウイルスの感染者が増加し始めると、多くの大手企業が社員にテレワークを命じた。日本の新聞社やテレビ局も、２０２０年の春にはテレワークについて報じた。

たとえば電通は２月26日以降、本社ビルで働く約５０００人の社員全員にリモートワークを基本とした業務を命じた他、３月10日には国内のグループ各社にも同じルールを適用した。また資生堂も２月26日以降、東京・汐留の本社を始めとして国内の約８０００人の社員に対し出社を禁じ、自宅で働くよう指示した。これは同社の従業員数の約３割に相当する。

２０２０年２月28日付の朝日新聞は、「三菱商事、ＪＴ、日清、花王などの大手企業が本社社員を原則として在宅勤務させている」と報じた。

東京などの朝の通勤電車は普段は満員だが、４月７日に日本政府が１回目の緊急事態宣言を出して以降は、ガラガラとなった。大半の会社員が、生まれて初めて長期間のテレワークを体験した。私もこうしたニュースを聞いて、「日本企業もテレワークに踏み切り始めたのだな」と感じた。

しかしこうした動きは、長続きしなかった。5月25日に緊急事態宣言が解除されると、出社を命じられる社員が増えた。テレワークとオフィスでの勤務を併用する会社が増えた。その後徐々に、オフィスで働く人々の比率が拡大していった。

日本では2020年7〜8月にコロナ・パンデミックの第2波が、同年11月には第3波が到来し、1日あたりの新規感染者数が増えた。だがこの時期にも、第1波の時ほど急激にテレワーク従事者の比率は増えなかった。**日本の企業社会は新型コロナウイルスに注意を払いつつも、極力通常業務を続ける「ニューノーマル（新しい日常生活）」の時代に突入したのである。**

実際2020年11月中旬の時点では、メディアは首都圏や大阪、北海道での新規感染者の増加について繰り返し報じていたが、首都圏の通勤時間帯における電車の混雑ぶりは、コロナ禍が始まる前とほぼ同じだった。

ある大手企業の中間管理職は、「私は毎日出社しています。部下はオフィスワークとテレワークが半々かな」と語っていた。ある銀行員は、「毎日出社しています」と答えた。別の会社員は、「技術的にはテレワークが可能なのに、毎日出社です」と語っていた。つまり2020年秋の時点では、多くの企業でコロナ前の状態が復活していたのである。

テレワークの普及度は、会社の規模や業種ごとにまちまちだった。デジタル化が進んでいるＩＴ業界では、比較的スムーズにテレワークを行うことができた。これに対し製造業界、特に中小企業では、一度もテレワークを実施しなかった、もしくは「これでは仕事にならない」として、早々とやめてしまう企業も多かった。

東京商工リサーチは２０２０年７月14日に、１万４３５６社の企業に対して行ったアンケート結果を公表した。この調査によると、**大企業の55・２％がテレワークを実施していたのに対し、中小企業では実施企業の比率は26・２％とはるかに少なかった。**また回答企業の47・６％が「テレワークを一度も行わなかった」と答えた他、26・７％が「実施したが、やめた」と答えている。

多くの企業の役員や上級管理職の間には、ＩＴ技術を十分に習得していない人も多かった。このため彼らの多くはオフィスで働いていた。会社へ行けば、紙の資料を使って働けるからだ。この場合、役員や上級管理職から問い合わせを受ける部下たちも、出社せざるを得ない。また大半の日本企業では印鑑や署名の電子化が進んでおらず、契約書に捺印したり署名したりするために、社員が会社に来なくてはならないというケースが続出した。これも、テレワークの実施度が高まらなかった理由の１つである。

テレワークで生活の質が改善

日本企業の大部分は、「テレワークはあくまでも例外」と考えている。だが私が住んでいるドイツでは、テレワークが例外ではなく、通常の業務形態の一部になりつつある。多くの企業がコロナ終息後も、テレワークを勤務態勢の一部にしようとしている。さらに政治家・経営者、組合関係者らが、将来のテレワークに関する法的枠組みについて侃々諤々(かんかんがくがく)の議論を行っている。

ドイツでも以前は日本と同様に、毎日出社して働くのが常識だった。しかし同国は、2020年春のコロナ禍勃発以降、テレワーク大国への道を歩みつつある。日本では、「製造業にはテレワークの導入は不可能」という意見が強い。しかしドイツでは、製造業も含めてデジタル化を目指すことにより、より多くの人がテレワークをできる方向に経済全体を変えようとする動きが始まっている。

多くのドイツ企業はコロナ・パンデミックの第1波によって、初めて社員の大半にテレワークを行わせることを余儀なくされた。この体験を通じて、企業経営者・労働者たちは様々な発見をした。その結果、将来の働き方を大きく変えるための「テレワーク革命」が進んでいるのだ。ドイツはこれまでも世界で最もワークライフバランスが高い国の1つだった。だが、通勤時間がゼロになり、働く時間帯を自分で決めることができ、家族と過ごす時間が増え、同国での生活の質はテレワーク浸透によりさらに高まる。

7割在宅でゆったり働く

2020年春のコロナ・パンデミック第1波の際に、ドイツの企業は日本企業よりもはるかに積極的にテレワークを実施した。

フラウンホーファー労働経済・組織研究所（ＩＡＯ）とドイツ人事労務協会（ＤＧＦＰ）は、２０２０年5月5日から22日までに、５００社の企業を対象としてテレワークに関するアンケートを行った。同年7月に公表された調査結果によると、「社員にテレワークを行わせている」と答えた企業の比率は、コロナ禍勃発前には32％だった。だが、コロナ禍が始まって以降は、回答企業の70％が「全ての社員もしくは大半を自宅で働かせた」と答えた。

またベルリン商工会議所が２０２０年７〜８月に約３００社の企業経営者を対象に行ったアンケート調査でも、「コロナ禍の勃発以来、テレワークを拡大した」と答えた回答企業の比率は、65・８％にのぼった。

これらの意識調査から、**２０２０年春のコロナ第１波の時には、ドイツ企業のほぼ６〜７割が社員にテレワークを行わせていたことがわかる。**これは日本の数字を大きく上回る。内閣府が２０２０年６月に発表した日本の就業者に対する意識調査の結果によると、「２０２０年春のコロナ第１波の際には、勤務時間の半分以上がテレワークだった」と答えた人の比率は21・５％に留まっている。

オフィス勤務から解き放たれた約２０００万人の会社員

日独間の差は、２０２０年冬にコロナ禍が深刻化した時期にも、はっきり表れた。２０２０年11月以降はまず欧州がコロナ第２波に襲われ、日本でも11月以降、新規感染者数が急増した。ドイツ政府は11月２日に飲食店や映画館の営業を禁止し、12月16日からは食料品店や薬局を除く全ての商店、学校の閉鎖を含むロックダウンを実施した。日本政府も２

０２１年１月14日以降、東京都などに対し緊急事態宣言を発出した。

ドイツＩＴ・通信・ニューメディア産業連合会（Bitkom）が２０２０年12月８日に公表した調査結果は、注目に値する。同連合会は、「我が国では、約１０５０万人が１００％テレワークで働いている」という推計を打ち出したのだ。

この調査は、同年10～11月に１５０３人の就業者を対象として行われた。興味深いことに２０２０年秋の時点でも、回答者の62％が「毎日もしくは１週間に数日、テレワークを許されている」と答えた。しかも回答者の４人に１人は「毎日テレワークを行っている」と述べた他、20％が「時々テレワークを行っている」と答えている。

つまり第１波の終息から５ヶ月経った時点でも、回答者の半分近くがテレワークを行っていた。**Bitkomは、「この数字をドイツの就業者全体にあてはめると、約１０５０万人の労働者が毎日自宅で働き、８３０万人が時々テレワークを行っていることになる」と述べている。**

また「２０２０年３月のロックダウンの際には、私の会社ではテレワークが義務付けられた」もしくは「任意でテレワークを行うことを許された」と答えた回答者の比率は65％で、「テレワークは実施されなかった」と答えた回答者（32％）に大きく水をあけた。

この調査結果は、テレワークがドイツの労働者たちの間で定着しつつあることを示している。**ドイツで毎日の死者数が一時1000人を超えていた2021年1月下旬には、金融サービス業やIT関連産業に従事する社員の大半が自宅から働いた。**

同じことは、事務作業を行う公務員にもあてはまる。ドイツがパンデミック第2波に襲われていた2020年11月に発表された調査によると、ミュンヘン市役所で働く4万人の内、55%にあたる2万2000人がテレワークを行える状態にあり、実際には37・5%にあたる1万5000人が、毎日自宅から市役所のサーバーにログインして働いていた。

日本人は「出社したがり病」?

これに対し日本では2020年秋の時点でも、ドイツに比べてテレワークの実施率は低かった。民間のシンクタンクであるパーソル総合研究所の同年11月の調査（社員10人以上の企業で働く2万人を対象）によると、全国でテレワークを行っていた社員の比率は、わずか24・7%に留まっていた。テレワークに適している金融サービス業でも実施率は30・

日本企業よりもテレワークに積極的だったドイツ企業

2020年春のコロナ・パンデミック第1波でのテレワークについての意識調査結果

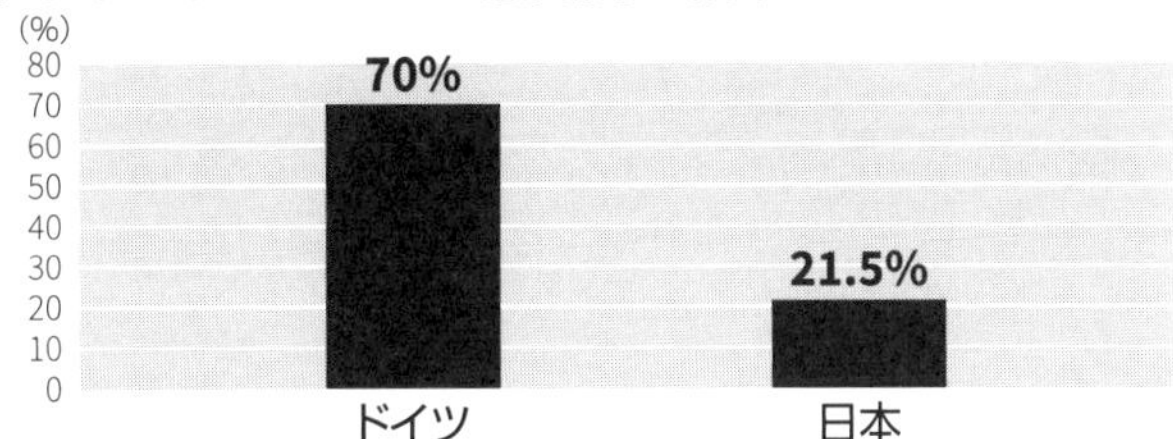

※ドイツでのアンケート結果は、「全社員もしくは大半を自宅で働かせた」と回答した人の比率
※日本でのアンケート結果は「勤務時間の半分以上がテレワークだった」と回答した人の比率
資料1=ドイツ　フラウンホーファー労働経済・組織研究所（IAO）とドイツ人事労務協会（DGFP）
資料2=日本　内閣府

２％だった。

　テレワーク実施率には、会社の規模によって差が生まれた。社員数１万人以上の企業の45％がテレワークを行っていたのに対し、１００～１０００人未満の企業での実施率は22・５％、１００人未満の企業では13・１％と大幅に低かった。**日本では大半の中小企業経営者が「出社することが、業務を遂行する上で不可欠」と考えていた。**当時政府が掲げていた「感染拡大にブレーキをかけるために出勤者の数を７割減らす」という目標については、難色を示す企業が多かった。

　これらの数字から、テレワークに積極的なドイツ、消極的な日本という構図が明瞭に浮かび上がっている。

ドイツもかつては「テレワーク小国」だった

だが実はドイツでも、コロナ禍が起きる前まで、テレワークは他のEU加盟国ほど普及していなかった。

ドイツ経済研究所（DIW）は、2016年にテレワークに関する研究報告書を発表した。DIWがEUの労働統計を分析したところ、2014年の時点で、ドイツ企業に雇用されていた人の内、「毎日、もしくは時々自宅で働いている」と答えた人の比率はわずか7％前後だった。これはスウェーデン（約26％）、デンマーク（約24％）、フランス（約15％）などに比べて大幅に低い。ドイツのテレワーク比率は、EU平均（約11％）よりも低かった。ドイツ企業は他の国の企業よりも、社員に対して職場にいることを強く求めていたのだ。

報告書を執筆したDIWのカール・ブレンケ研究員は、2016年の時点で、「ドイツ企業で働く人の内、通常もしくは時々テレワークを行っている社員の比率は約12％」と推定している。

コロナ前は「テレワーク小国」だったドイツ

2014年の時点で、毎日もしくは時々テレワークを行っていた社員の割合

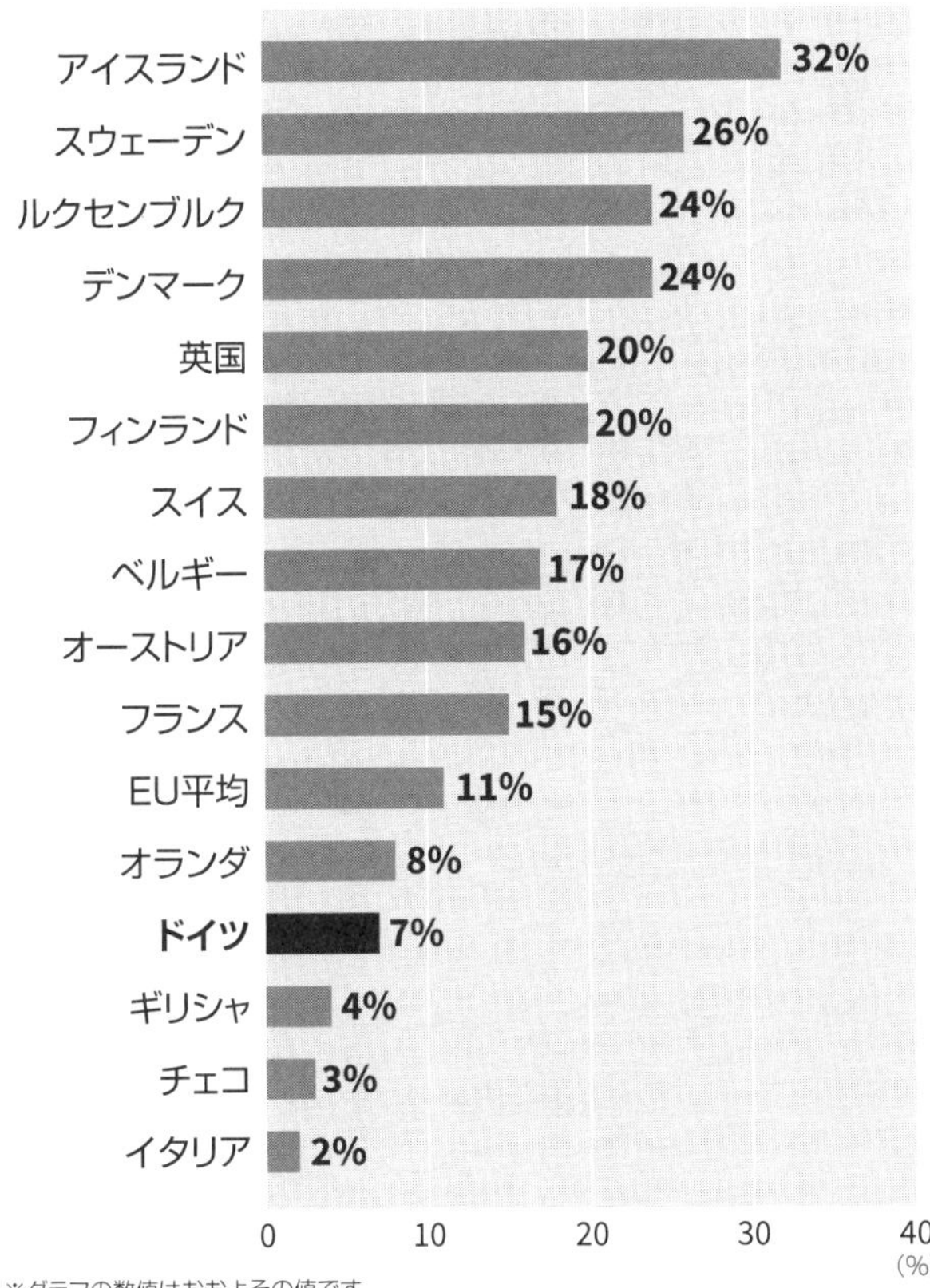

※グラフの数値はおおよその値です。
資料=DIW報告書（2016年2月3日発表）
元の資料はEU統計局の労働統計

ドイツが物づくり大国であることも、テレワーク普及が進まなかったことの理由の1つだ。ドイツの国内総生産の内、製造業によって生み出されている比率は、2019年の時点で19・1％。この比率はEU平均（14％）、スウェーデン（13％）、フランス（10％）を上回っている。社員が知恵を寄せ合って議論しながら新製品を設計したり、製品を組み立てたりする部門では、テレワークは難しい。物づくりの世界では、工場などで他の社員たちと一緒に働くことが重要だ。つまりコロナ前のドイツでは、テレワークを行う社員は少数派だった。

ブレンケ研究員は「我々の推計によると、ドイツ企業で働いている人の内、40％はテレワークを行える職業に就いている。それなのに経済界は、テレワークの可能性を十分に利用していない。スカンジナビア諸国など他のEU加盟国の例を見れば、ドイツでもテレワーク比率を高めることは可能だ」と結論付けている。

デジタル化が「仕事は会社でしかできない」という発想を壊した

ドイツ企業も、2020年3月にコロナ禍が起きるまでは、社員の大部分を自宅で働か

せたことは一度もなかった。企業経営者たちは、業務が滞るのを防ぐために、極めて短期間にＩＴに関するキャパシティー（容量）を拡充しなくてはならなかった。多数の社員がZoomやSkype、Webex、Teamsなどを使ってオンライン会議を行うと、行き来するデータ量が飛躍的に増え、ＩＴシステムへの負荷が増加するからだ。

さらに社員は自宅から会社のＩＴシステムにログインして、オフィスにいる時と同じように、クラウド内のファイルに保管されている文書を直したり、計算作業を行ったりする必要がある。この際には、ハッカーのＩＴシステムへの侵入やデータの盗難などのサイバー攻撃を防ぐために、ヴァーチャル・プライベート・ネットワーク（ＶＰＮ）などの技術によって、データが行き来する回線を守る「防護トンネル」を設置しなくてはならない。しかもハッカーが次々に繰り出す新しい攻撃手段に備えるために、ＶＰＮを常に強化する必要がある。コロナ禍が勃発して以降、世界中で企業・市民に対するサイバー攻撃の件数が増加していることを考えると、防護措置は極めて重要だ。

また社員たちが自宅から契約書などに電子的に署名したり会社のスタンプを押したりできる態勢を整えることも重要だ。

ドイツでは多くの企業のＩＴ担当者たちが2020年3～4月に突貫作業を行って、大

半の社員がテレワークをできる態勢を短期間で作り上げることに成功した。大企業を中心に、デジタル署名や電子スタンプも浸透した。ＩＴ部門によるインフラ拡充・増強の努力がなかったら、大規模なテレワークの実施は、絵に描いた餅に終わってしまっただろう。

好きな場所で働いて、消耗せずに成果を挙げる

この結果、製造業や店頭での小売業などを除く多くの企業では、大多数の社員が出社しなくても売上高や生産性を維持することに成功し、業務に大きな支障は出なかった。

それどころか、**「テレワークの方がオフィスで働くよりも生産性が高い」と考える人も少なくない。**ドイツの公的健康保険の運営機関である「ドイツ一般健康保険（ＤＡＫ）」が２０２０年7月22日に公表したアンケート結果によると、約７０００人の回答者の内「テレワークの方がオフィスよりも生産性が高い」と答えた人の比率は半数を超えていた。また「テレワークに適した業務ならば、自宅でもオフィスと同じように処理できる」と答えた人の比率は、80％を超えた。

Bitkom の調査でも、回答者の過半数（57％）が「テレワークの方が生産性が高い」と

過半数が「テレワークの方が オフィスよりも生産性が高い」と回答

質問1：「テレワークの方がオフィスよりも生産性が高いと思いますか?」

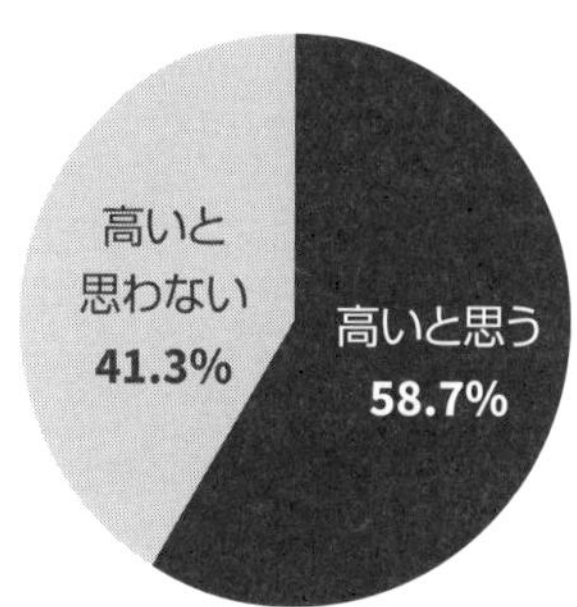

質問2：「テレワークに適した業務ならば、テレワークでもオフィスと同じように処理できると思いますか?」

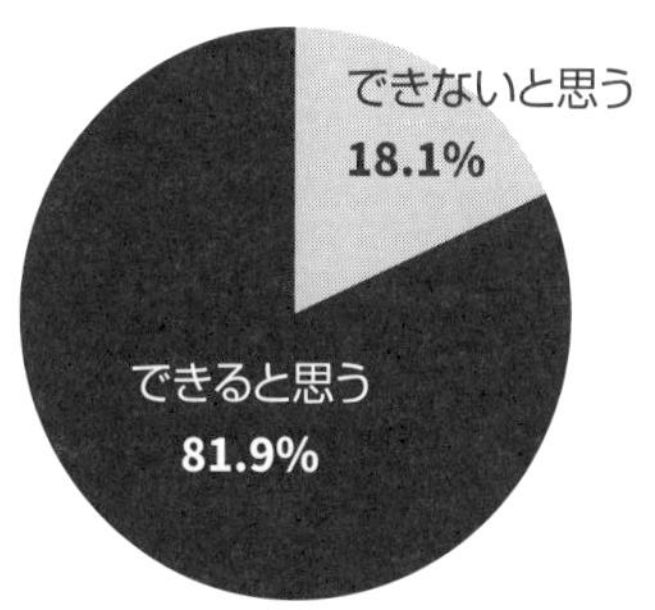

資料＝DAK（ドイツの一般健康保険）が約7000人の勤労者を対象にテレワークについてのアンケートを実施。2020年7月22日公表

過半数が「テレワークの方がオフィスよりも生産性が高い」と回答

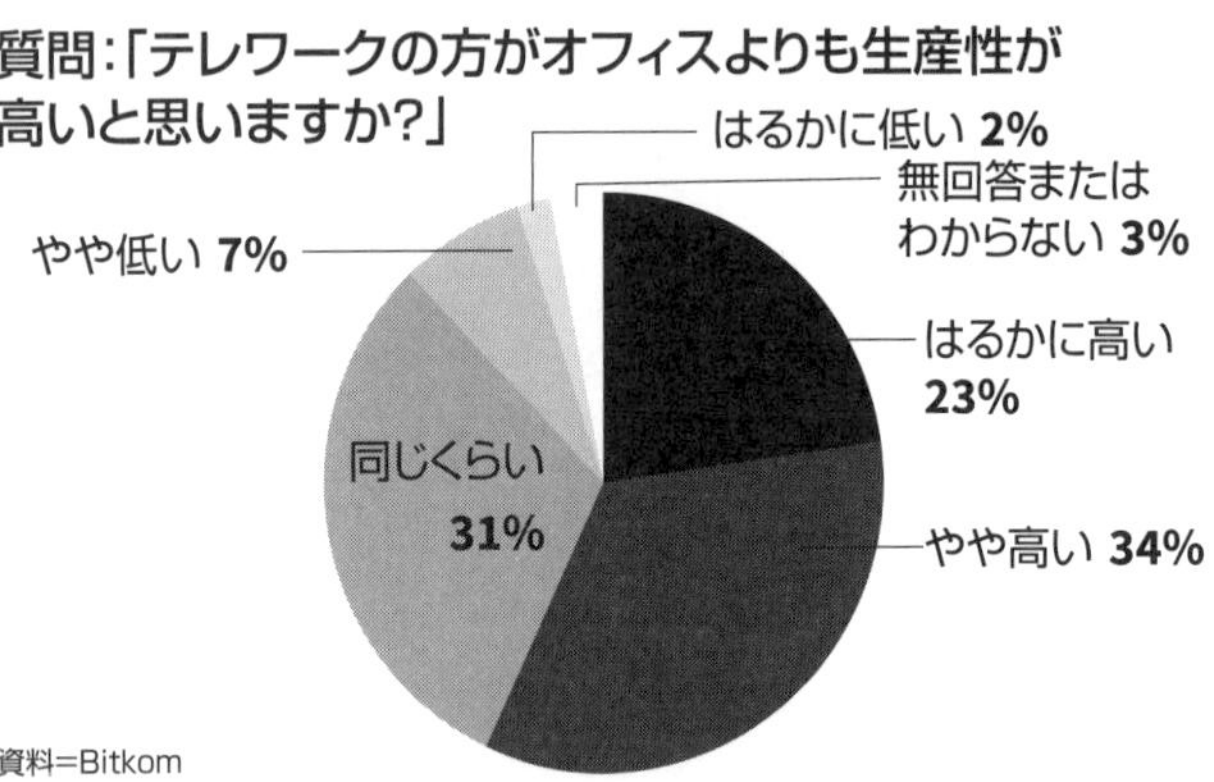

資料=Bitkom

答えており、「生産性が低い」と答えた人の比率（９％）を大きく上回った。

あるドイツ人は「会社の大部屋で働いていると、なかなか1つの課題に集中できないことがある。テレワークの場合は、集中して作業をできるので、オフィスでの仕事よりも効率が良い」と語っていた。

多くのドイツ企業の経営者と社員たちは、２０２０年春のコロナ・パンデミック第1波で、自宅からでもオフィスにいるのと同じように業務を続けられることを学んだのだ。

中には、こんな人もいる。ドイツ人会社員のVさんは引っ込み思案で、人づきあいが得意ではない。子どもの頃から、外で友だちと遊ぶよりも自宅で本を読んだり、絵を描いたりする方が好きだった。日本語で言えば「オタク」と呼ばれる性格だ。成人してからも、他人に言われた冗談や軽口で傷つくことが多い。内向的な性格のために怒っていることを表に出せず、腹の中に溜めるので、よけいにストレスが増える。

しかし悲しいかな、会社へ行かないと食い扶持を稼げない。失業者にはなりたくないので、仕方なく会社へ行き、そこそこに社会性を身につけた。そういうVさんにとって、テレワークは福音だった。他人と顔を合わせずに、自宅で仕事をして給料をもらえる。毎日約2時間、電車に揺られて通勤する必要もなくなった。リモート会議を除けば、誰とも顔を合わせる必要がない。ロックダウンの期間中、Vさんは「幸福」だった。私は、日本にもVさんのような人がかなりいるのではないかと思っている。

勤務時間の柔軟化を始めていたドイツ

ドイツでテレワークが迅速に普及したもう1つの理由は、21世紀の初めつまりコロナ禍が勃発する前から、多くの企業で、在宅勤務を希望する社員に対してテレワークを許可す

る労使間合意がすでに存在したことだ。ただしコロナ前には、ドイツ企業でも「社員が職場にいること」を重視する空気が強かったので、実際にテレワークを行う社員の数は少なかった。

ドイツでもパンデミックが起きるまでは、今の日本のように、「働くということは、会社に出勤して仕事をすることだ」という気風が強かった。

たとえば１９９０年代には多くの企業が午前９時から午後３時までの時間帯を「コア・タイム」に指定し、社員にオフィスにいることを義務付けていた。ある企業では、受付の守衛が午前９時を過ぎて出社した社員の氏名と所属部署をメモして、人事部と上司に報告していた。遅刻が重なると、戒告や減給の対象とされた。

ドイツ人会社員のCさんは、１９９０年代のある日に地下鉄のダイヤが乱れて遅刻しそうになったために、駅から会社まで全速力で走り、９時直前に会社の入り口に駆け込んで、タイムカードを押したことを今も覚えている。21世紀には、ほとんどの企業が労働時間を柔軟化させるべきだという組合の要求を受け入れてコア・タイムを廃止し、労働時間を柔軟化させる動きが強まった。

たとえば１９９０年代には中堅社員を対象に「信頼に基づく労働時間」という任意の制

度も導入された。この制度を受け入れた社員は、タイムカードを押して労働時間を記録する義務から免除された。オフィスにいる時間よりも、成果を重視するという成果主義を強く反映する制度だ。企業は社員を信頼して出退勤の時間について自由を与える代わりに、具体的な成果を要求する。またこの方式には、企業が残業代を払わなくて済むという利点もある。日本のホワイトカラー・エグゼンプション制度（オフィスワーカーの一部に対する労働法上の規制を緩和したり、適用免除したりする制度）のドイツ版である。

２００８～２００９年のリーマン・ショックによる世界的不況が終わり、景気が急速に回復し始めると、テレワークの制度を導入する企業が増え始めた。

ドイツでは企業内組合である事業所評議会と経営者が交渉して「事業所合意」を結び、働き方についての細部を決める。２０１３年頃から、一部の大企業は「社員に対し在宅勤務を行うことを許すべきだ」という事業所評議会の要求を受け入れて、テレワークのオプションを事業所合意の中に加え始めた。当時は景気回復とともに、高技能を持った優秀な人材の獲得が難しくなりつつあったため、経営側は働き方の柔軟化を求める組合側の要求を受け入れざるを得なかったのだ。

つまりコロナ禍前の段階的なテレワーク導入は、ドイツで進んでいた労働時間の柔軟化の一環だった。

特に幼い子どもを抱えた女性社員や、自宅で年老いた親の介護を行う社員の間に、テレワークを利用する社員が現れ始めた。

ドイツ人が「出社至上主義」を抜け出せたワケ

ドイツの在宅勤務には、企業が社員の自宅にデスクトップ型PC、プリンター、モニター、無線LANのためのルーターなどのIT機器を用意するホーム・オフィスと、社員が主に自分の機器を使うモバイル・ワーキングの2種類がある。**21世紀の初めに一部の企業が導入したのは主にホーム・オフィスだった。しかしこの方式は企業経営者の間では不評で、あまり普及しなかった。**その理由は、社員の自宅でIT環境を整えるための費用がかかるからである。

さらにドイツ企業の管理職の間にも、日本と同じように、社員が職場で働くことを好む人が多い。彼らは社員たちと言葉を交わしたり、働きぶりを見たりすることで安心するわけだ。

このため、スピーディーな昇進を望む社員にとっても、オフィスにいて「目立つ」ことが重要になる。職場にいないと上司から注目されず、将来の管理職候補として抜擢される見込みが薄くなる。**コロナ前には、仕事をバリバリこなし、出世を望む野心家の社員がテレワークを行うことは、ほとんどなかった。**彼らはテレワークを行うことで目立たなくなり、上司から「やる気がない」と思われることを恐れたのだ。

「上司や同僚から忘れられたくない」と思うドイツ人の気持ちは、次のようなエピソードに表れている。この国では、女性社員が育児休暇を1〜2年取ることは珍しくない（男性社員でも3ヶ月くらい育児休暇を取ることがある）。ドイツ企業では、育児休暇を取っている社員のポストを他の社員で穴埋めすることが禁じられている。つまりその課は、欠員を抱えたまま業務を続けなくてはならない。女性社員が育児休暇中に子どもを乳母車に乗せてオフィスを訪れ、上司や同僚に「お披露目」をするのは、ドイツの職場ではよく見かける光景だった。彼らは「時々会社に行かないと、自分がいることを忘れられてしまうかもしれない」と心配したのだ。それほどまでに、コロナ前には「会社にいること」が上司からも社員からも重視されていた。

「リモート社会」へ進化したドイツ

だが2020年3月のコロナ禍が状況を一変させた。DIWのブレンケ研究員が4年前に行った「ドイツ経済は、テレワークを行うための高い潜在的可能性を持っている」という指摘は、正しかった。**2014年には約7%、2016年には12%だったテレワーク比率は、コロナ禍勃発後に一時60〜70%まで上昇した。**

ドイツの多くの企業は、コロナ前に事業所評議会（企業内組合）との間で、テレワークに関する合意書を取り交わしていたので、組合と改めて細部について交渉せずに、テレワークを実施することができた。テレワークが技術的に難しい製造業などを除く企業の多くの経営者が、「仕事に不都合が生じない限り、自宅から働くように」と社員たちに指示した。

2020年3〜4月には、同僚に先駆けて管理職に昇進することを目指すモーレツ社員も、日々のパン代を稼ぐためだけに会社に行っていた社員も、等しく自宅から働かざるを得なかった。

当時は、企業が全ての社員の自宅にモニターや無線ＬＡＮのルーターなどのＩＴ機器を取り付ける時間の余裕はなかった。このため大半の会社員はホーム・オフィスではなく、会社から与えられたノートブック型ＰＣを自宅で使うモバイル・ワーキングを行った。コロナ前から、労使の間にテレワークに関する事業所合意がすでに存在したことが、大規模な在宅勤務へのスムーズな移行を可能にした一因であったことは間違いない。

パンデミックは、「オフィスに来て働くのが当然」と考えるドイツの伝統的な企業文化を、大きく揺るがしたのだ。

部下の健康を守らない上司は降格

もう１つ日独間のテレワークの普及度に大きな差をつけたのは、社員の健康に対する考え方の違いだ。

ドイツの雇用者は従業員に対する「保護義務」を負わされている。つまり雇用者は、労働安全法、労働時間法、母親保護法、差別禁止法などの様々な法律によって、従業員の健康と安全を最優先にすることを義務付けられている。この保護義務に違反した管理職は、上司や組合から厳しく批判され、最悪の場合には降格させられる。このため**ドイツ企業の管理職は、「健康や安全よりも仕事優先だ」という態度は取らない。**

その好例が、年配の社員の扱いだ。ドイツの国立感染症研究機関のロベルト・コッホ研究所（ＲＫＩ）は、「新型コロナウイルスに感染した場合、50～60歳以上の市民や心臓病、糖尿病、肝臓病、腎臓病などの基礎疾患がある市民は、重症化する危険が高い」として、これらの市民を「リスクグループ（重症に陥る危険度が高い集団）」と位置付けている。

ドイツ人会社員のＷさんは、60歳を超えている上に持病があり、毎日治療薬を飲んでいる。つまりＲＫＩの定義によるリスクグループに属する。Ｗさんが新型コロナウイルスに感染した場合、重症化する危険が高い。だがＷさんが自宅から会社へ行くには、毎日1時間近く地下鉄やバスに乗らなくてはならない。自家用車での通勤もできない。会社側はＷさんの説明を受け入れて、１００％のテレワークを許可した。こうした例は、珍しくない。

社員は個人の事情を上司に説明して、週の内2～3回出社するか、もしくは１００％テレワークにするかを決める。もちろん社員は、会社側が要請した場合、自分がリスクグループに属することを医師の診断書などによって証明する必要がある。証拠の提示を求めない会社もある。

さらに、社員本人ではなく、配偶者や子ども、一緒に自宅に住んでいる両親などがリスクグループに属する場合も、経営者は社員に出社を強制しない。万一オフィスで社員が感染した場合、社員の自宅に入り込んだウイルスが家族にうつって重症化させる危険があるからだ。

もちろん上司にとっては、部下が全員オフィスにいる方が仕事を進めやすい。しかしこの国では社員の健康と安全を守るという「保護義務」が最優先となるため、上司は健康不安を持つ社員に出社を強制してはならない。リスクグループに属する社員が上司から出社を強制されたら、その人は組合に駆け込むだろう。

とにかく全体の調和を重んじる日本の会社

私が１９８０年代にＮＨＫワシントン支局で勤務していた時、大事件が起きたために支局の全員が夜遅くまで働いていることがあった。私は風邪のために体調がすぐれなかったので、支局長に「身体の調子が悪いので、帰って自宅で休んでもいいでしょうか」と尋ねた。支局長は「疲れているのは、誰も同じだ。みんなが遅くまで頑張っているのに、おまえだけは家へ帰って楽をしようというのか」と声を荒らげた。この結果、私は仕事を続けざるを得なかった。

私は、ＮＨＫ神戸放送局で事件記者として働いていた頃、両足の親指の爪が肉に食い込んで化膿する症状に悩んでいた。親指には歩く時に体重がかかるので、かなり痛い。このため私は神戸市立医療センター西市民病院で爪の根元（爪母）を細くするための手術を受けることになった。ところが食品企業連続恐喝事件（いわゆるグリコ・森永事件）で、犯人が青酸入り菓子をコンビニエンスストアに置くという新しい展開があったために、上司は私に手術を延期するよう命じた。会社の論理に従えば、「この忙しい時に入院などもってのほかだ」というわけだ。私は足の痛みをこらえながら、夜討ち朝駆け取材を続けざるを得なかった。

日本は、チームの結束を重んじる集団主義社会だ。全体の調和を維持するために、メンバーは個人の都合を二の次にしなくてはならない。これは日本が古代以来の農耕社会の性格を色濃く残しているためだ。田植えなどの集団作業を行う時には、個人プレーではなくチームの調和と結束が極めて重要である。メンバーがひとりひとり自分の都合を押し通そうとしたら、共同作業に支障が出る。このため、個人に対して集団の決まりに適応するよう求める圧力は非常に大きい。メンバーはチームの中の空気を読み、上司や同僚に対し忖度（そんたく）することを求められる。ほとんどの場合チームの都合が優先され、個人の都合は二の次になる。

チームだけでなく、個人も重視するドイツ社会

これに対しドイツでは集団の都合だけではなく、個人の都合も尊重される。社員の体調や家庭の事情は、ひとりひとり異なる。ドイツ企業の管理職が「体調が悪いので家に帰りたい」と言う社員に対し、「他の社員が頑張っているのだから、おまえも頑張れ」と言って自宅での休息を禁じることはあり得ない。法律が定める「保護義務」に違反するからだ。ドイツが個人主義の社会だということもある。この国には、「ひとりひとりの都合は千差万別であり、尊重される必要がある」という原則がある。

　ドイツでは、農耕社会よりも狩猟社会の性格の方が色濃い。狩人はグループから離れて独りで行動し、獲物を見つけなくては、日々の糧を得ることができない。このためチーム全体で成果を出すためには、個人も大事にする。チームだけではなく市民ひとりひとりの

都合も重んじるのが当たり前になっている。社員は日本企業ほど空気を読んだり忖度したりすることを求められない。**時には相反する社員の都合と、企業の要請の間で折り合いをつけながら、経済的価値を生んでいくのがドイツの企業だ。**

管理職が、体調が悪い社員に仕事を続けるよう強制した結果、その社員の病状が重くなった場合、社員が会社を相手取って損害賠償訴訟を起こす可能性もある。裁判にならなくても、その社員が組合に駆け込んで苦情を申し立てれば、体調が悪い部下に労働を強制した管理職の評価が下がり、社内での経歴に傷がつくかもしれない。

もちろんドイツでも会社員は企業から給料をもらっているのだから、企業の要求を受け入れなくてはならない場合がある。だがドイツでは企業の都合ばかりではなく、個人の都合も尊重されるケースが、日本よりも多い。法律や制度が、企業に対して個人の都合をも尊重することを義務付けているのだ。「保護義務」はその典型である。

「無言の圧力」が日本よりも少ない

ドイツ企業が年配の社員や、家庭に基礎疾患を持つ人がいる社員に出社を強制せず、日本よりも寛容にテレワークを許可するのも、企業が法律の縛りにより、個人の都合を尊重することを義務付けられているからだ。上司は自分のチームに10人の社員がいたら、10人の都合がそれぞれ異なることを尊重しなくてはならない。**社員の都合と企業の要請の間のバランスをうまく取るのが、管理職の役目の1つだ。**

日本では「私の夫には持病があるので、私が万一コロナに感染した場合、夫が重症化する危険があります。だから週の内2〜3回はテレワークを認めて下さい」と言っても、上司が認めてくれるだろうか。上司から「君を除けば、もう全員出社しているよ」と言われた場合、部下はかなり大きな精神的プレッシャーを受ける。個人主義社会ではない日本では、この無言の圧力を跳ね返して自分の都合を優先するのは、並大抵のことではない。

これに対しドイツでは、暗に出社を強制するような無言の圧力は、日本よりも少ない。社員の都合を尊重しなくてはならないというドイツ社会の性格も、この国でテレワークが日本よりも幅広く普及した理由の1つである。

第 1 章

ドイツではなぜ、出社しない働き方が普及したのか

――自宅でも成果を挙げられることをみんなが学んだ国

経営者・社員双方がテレワークを歓迎

ドイツでは、将来コロナ禍が過ぎ去った後もテレワークが通常の勤務形態の一部として定着する。その理由は、ロックダウンの際に、テレワークが社員からも会社からも歓迎されたからだ。労使ともにテレワークに対する評価は前向きである。**テレワークは雇用者と被雇用者の双方に恩恵を与える、いわば「ウィン・ウィン」の状況を生んだ。**

特に会社員など被雇用者たちの間では、在宅勤務は好評である。DAKが2020年7月に公表したアンケート調査結果によると、同年春のコロナ・パンデミック第1波で初めて長期間のテレワークを経験した社員の約77％が、「将来も、少なくとも部分的にテレワークを続けたい」と答えた。またテレワークを時々経験した社員の間でも、約62％がテレワークの継続を望んでいる。

ミュンヘン市役所の職員組合が2020年11月に実施したアンケートによると、回答者の75％が、「将来も定期的にテレワークを行いたい」と答えた。

ドイツではほとんどの社員がテレワーク継続を希望

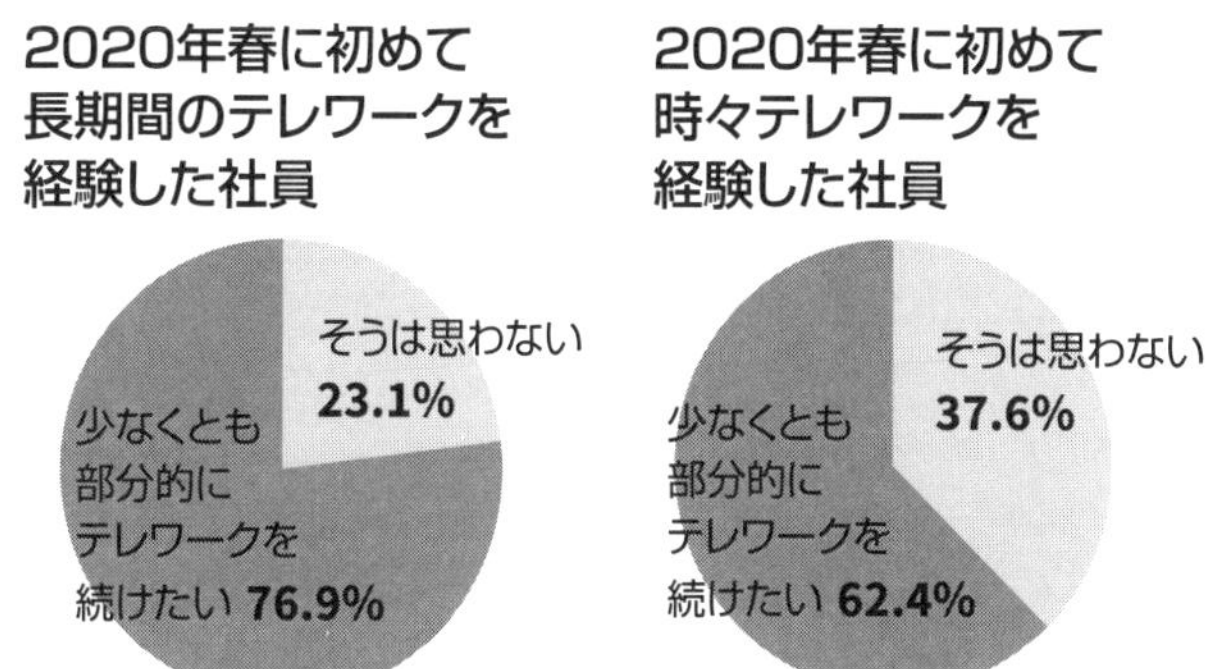

資料＝DAK（ドイツの一般健康保険）　2020年7月22日公表

テレワーク最大の利点は？

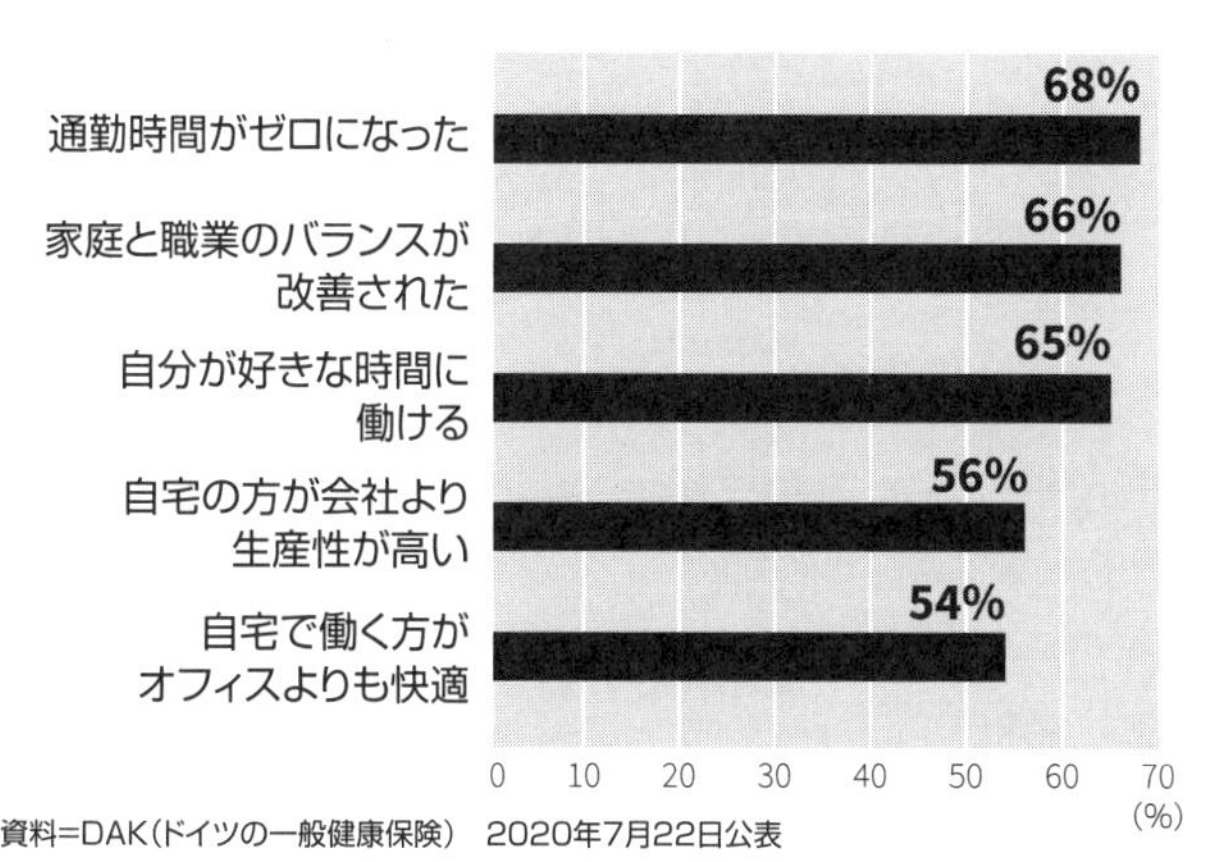

資料＝DAK（ドイツの一般健康保険）　2020年7月22日公表

これらの調査結果は、多くの社員や公務員が「仕事が100%在宅勤務になることは望まないが、週の間に何回かテレワークができるようになればよい」と考えていることを示している。ちなみにミュンヘン市役所でのアンケートでは、回答者の50%が「将来は主にテレワークで働きたいので、役所に自分の机がなくなってもよい」と述べている。彼らはよほどテレワークが気に入ったのであろう。

通勤のストレスから解放されたドイツ人

なぜ会社員たちは、テレワークを歓迎したのだろうか。DAKのアンケートによると、最も多かった理由は、通勤時間がゼロになったことである。**回答者の68%が通勤時間の「消滅」をテレワーク最大の利点として挙げた。**

ドイツの人材仲介企業ステップストーンによると、ドイツの会社員の内「自宅と職場の間の往復にかかる時間は、30分未満」と答えた人は21%。「30分以上・1時間未満」が31%。回答者の48%は、「1時間以上かかる」と答えていた。

日本の首都圏ほどではないとはいえ、ドイツの勤め人たちも毎日かなりの時間を通勤のために費やしている。**大都市で働く人が通勤ストレスに悩むのは、ドイツでも同じだ。**私が住んでいるミュンヘンは、人口が１４７万人。ベルリン、ハンブルクに次いで、ドイツで３番目に人口が多い都市だ。この町は電子・電機メーカーのジーメンス、自動車メーカーのＢＭＷ、保険会社アリアンツなどの大手企業が本社を持つ、ドイツきってのブームタウンである。２０１７年の調査によると、ミュンヘン市の外に住む人々約39万人が、毎日この町にある職場へ通勤していた。

ミュンヘンの通勤事情

50歳代後半の会社員Ｄさんは、ミュンヘン市の北約40キロメートルの町から、ミュンヘン市のオフィスに車で通っている。つまり毎日80キロメートルの距離を往復する。こういう勤め人は、ミュンヘンでは決して珍しくない。ミュンヘンは不動産価格や家賃がドイツで最も高い町の１つなので、郊外に住んでミュンヘンに通う人が多いのだ。高速道路Ａ９号線では、毎朝７～９時頃に激しい渋滞が起きる。Ｄさんは、「昨日は高速道路で誰かが事故を起こしたために、長い渋滞に巻き込まれて自宅を出てから会社に着くまでに2時間半かかった」とぼやいていたことがある。A9号線に限らず、郊外とミュンヘンを結ぶ道路では、毎日渋滞がひどい。こうした道路に面した地域では、大気汚染も深刻である。通勤ラッシュのために多くの人の自由時間が減るだけではなく、環境や人々の健康にも悪影響が及ぶ。

Dさんは電車（Sバーン）でミュンヘンへ行くことも可能だが、電車は20分に1本しか来ないので、滅多に使わない。特にコロナ禍が起きてからは、「感染のリスクがあるので、公共交通機関には乗りたくない」という人が増えた。ドイツの公共交通機関の乗客数は、2020年春には一時コロナ前に比べて80％も減った。

Bさんはミュンヘン市内に住んでいるが、バスと地下鉄を乗り継いで会社に着くまで45分かかる。この地下鉄は、1972年のミュンヘン・オリンピックに備えて、1971年から徐々に建設されたものなので、かなり老朽化している。2018年にはのべ4億1300万人が利用したが、地下鉄網の整備・拡張が利用客の増加に追いついていない。特に冬になると、車両や信号機、ポイントの故障のために地下鉄が遅れる日が多くなる。

Bさんは、「会社での仕事が忙しいので早めに自宅を出たのに、地下鉄が遅れたためにオフィスの到着時間が結局いつもと同じになってしまった時は、特にイライラしますね」と語る。早朝にダイヤが乱れた時には、車両がすし詰め状態になり、2〜3本待たないと乗れないこともある。

署名・捺印のための出社はありえない

このためBさんは、コロナ禍勃発以降、自宅で働ける日が増えたことに満足している。「地下鉄の遅れを気にしないで良くなったこと、通勤時間がゼロになったことは、嬉しいです。毎日自宅と職場の間の往復にかかっていた90分の通勤時間がなくなって、会社の業務をすぐに始められるので、その分夕方には早めに仕事に切り上げることができます」と語る。Bさんは、会社のノートブック型PCを自宅のモニターにつないで、オフィスにいる時と同じように仕事をしている。**契約書への署名や押印も電子化されているので、そのためにわざわざ会社へ行く必要はない。**

上司や同僚との部会は、週3回。リモート会議で行う。連絡を密にするために、毎日部会を行う課もある。課長が取締役からの指示を伝える他、各自が業務の進み具合を報告したり、質問をしたりする。PCの画面を共有してパワーポイントやエクセルシートなどを見せることもできるので、会社の会議室にいるのとあまり違わない。ミーティングの長さは大体30分。長くても1時間で終わる。ドイツの企業では、1時間を超える会議は非効率と見なされる。

人生を充実させるワークライフバランス

DAKの調査では、**回答者の66%が、「テレワークの最大の利点は家庭と職業のバランスが改善されたことだ」と答えた。**テレワークの場合、自宅で働くために家族との対話が増え、コミュニケーションは自然と密になる。外国の顧客との打ち合わせもリモート会議で行うので、数日間にわたり出張で家を留守にする必要もない。会社の仕事の合間に休憩時間をとって、浴室の掃除をしたり、台所のゴミを捨てたりすることもできる。オフィスで働く場合には、そうした家事を行うことは不可能だ。妻が夫に対して「あなたは会社の仕事ばかりやっていて、家庭を顧みない人ね」と愚痴をこぼすことも少なくなる。つまりテレワークは、家族とともに過ごす時間を長くすることによって、ワークライフバランスを改善する効果も持っている。

ドイツのニュース週刊誌シュピーゲルが２０２０年９月に公表したアンケート調査結果は、テレワーク経験後のドイツの働き手の心境の変化を浮き彫りにしていて、興味深い。「２０２０年春のロックダウン中に、良いと思った点は何でしたか」という問いに対して、回答者の47・１％が「日常生活のスピードがゆっくりになったこと」と答え、31・２％が「人生で大切なことに集中することができたこと」と回答している。また22・１％が「家族と一緒に過ごす時間が増えたこと」と述べている。

普段はドイツ人たちも時間に追われて暮らしている。目覚まし時計のアラームとともに飛び起き、コーヒーを沸かして朝食をとり、歯を磨く。ビジネススーツに身を固めて、マイカーに飛び乗るか、バスの停留所や地下鉄の駅に駆け付ける。子どもがいる人は、出勤する前に車で子どもを幼稚園や託児所、学校に送っていく。テレワークはそうした暮らしを一変させた。**家の外へ出なくても会社の仕事をできるという気楽さが、人々の心にゆとりを与えたのである。**

また、家族と会話する時間が普段より増えたことも、多くの人に「人生で一番大切なことは、自分の暮らしであり、家族との共同生活だ」ということを改めて痛感させた。つま

ロックダウン中に起きたドイツ人の心境の変化

質問:「あなたにとって、コロナによるロックダウン中に良かった点は何でしたか?」

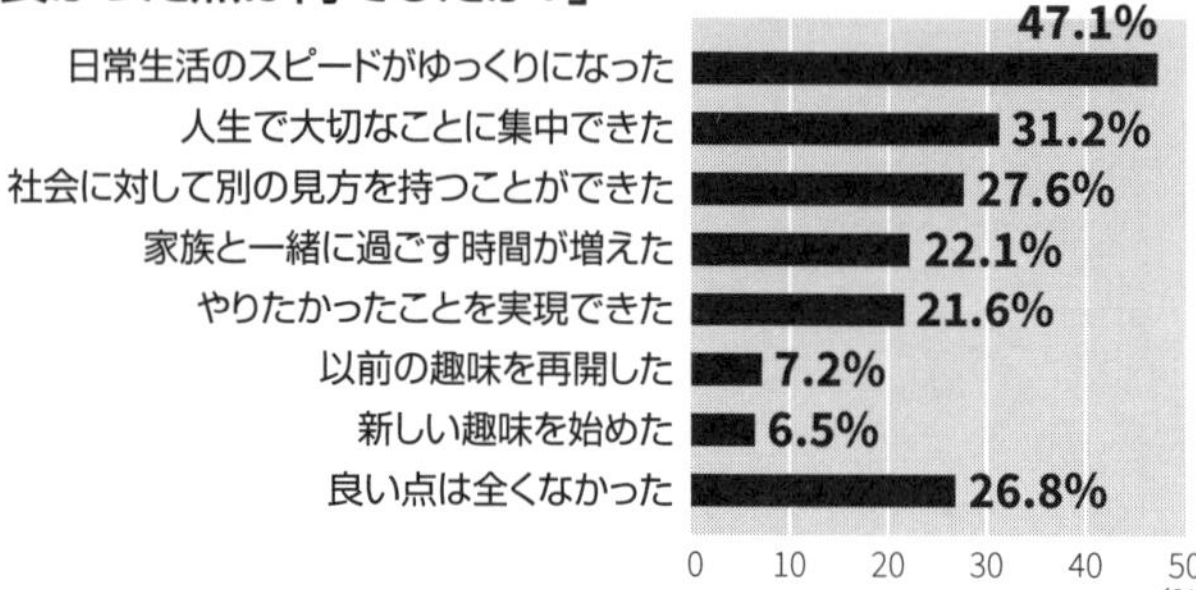

資料=シュピーゲル誌　2020年9月5日号　7月20日から8月31日に5006人に市場調査会社CIVEYがアンケートを実施。

り人々は、「会社の仕事はもちろん重要だが、それは暮らしの糧を稼ぐための手段だ。家族と健康な暮らしをすることが自分にとっては最も重要だ」という思いを噛みしめたのである。家の外ではコロナ禍の暴風が吹き荒れ、高齢者や基礎疾患のある市民が次々と命を落としたり、失業したりする人が増える中、市民が「普通に暮らせることの大切さ」を強く意識したのは、不思議ではない。

テレワークで仕事のストレスが減った

ドイツ人の中には、「自宅で働くようになって、ストレスが減った」という感想を

テレワーク普及でストレスを感じる社員の割合が減少

「仕事の間、大抵または常にストレスを感じている」と答えた人の割合

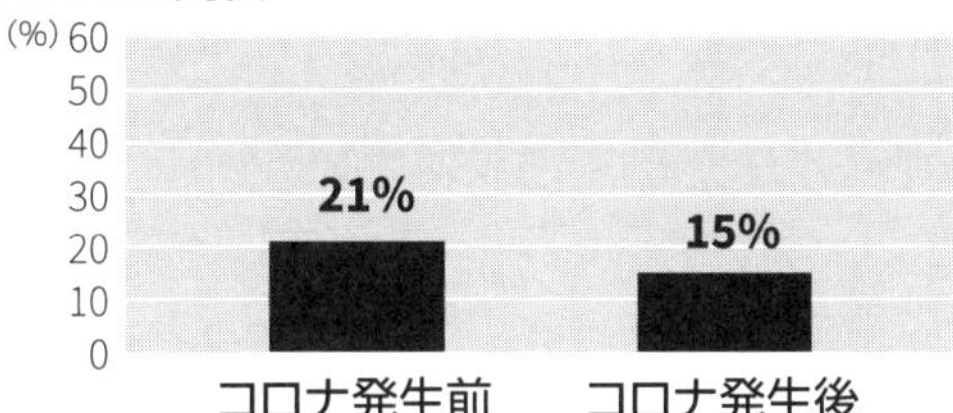

「勤務時間の50％でストレスを感じている」と答えた人の割合

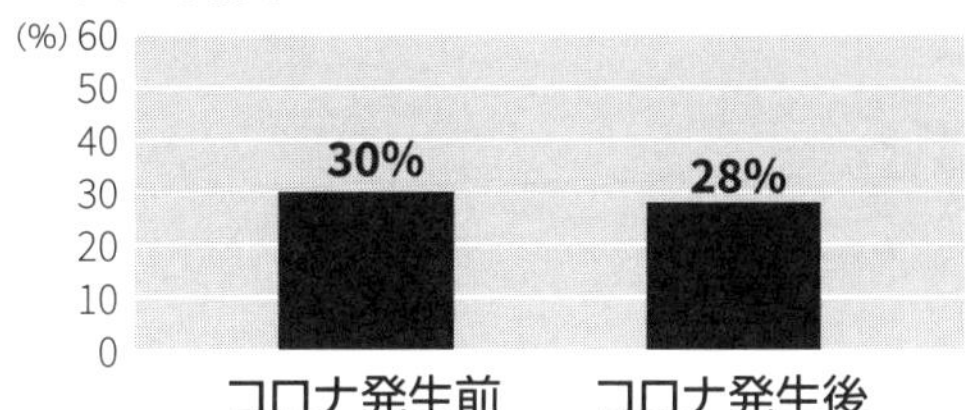

「仕事の間、全くストレスを感じない、もしくはたまにしか感じない」と答えた人の割合

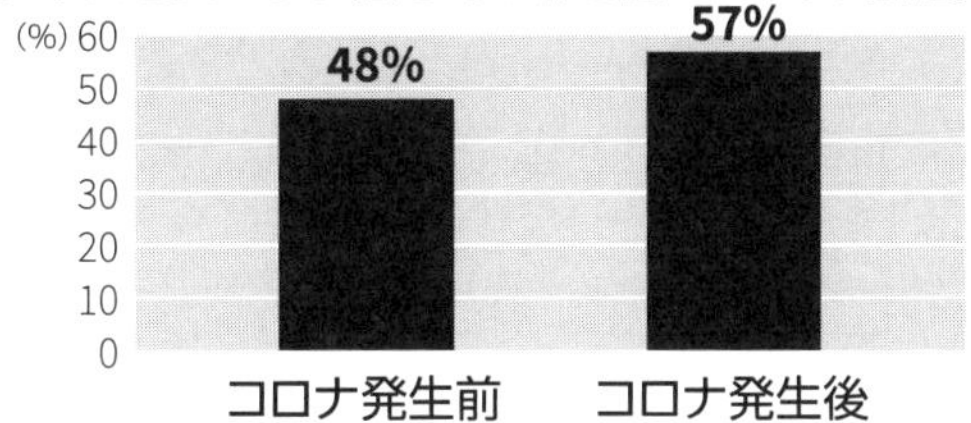

資料＝DAK（ドイツの一般健康保険）　2020年7月22日公表

持つ人も多い。DAKのアンケートによると、コロナ禍が起きる前には回答者の21%が「仕事の間、大抵または常にストレスを感じている」と答えていたが、テレワーク移行後は、この比率が6ポイントも減った。

また「仕事の間、全くストレスを感じない、もしくはたまにしか感じない」と答えた人の比率は、パンデミック前には48%だったが、テレワーク開始後は57%に上昇した。ストレスは、鬱(うつ)病、高血圧や不整脈、糖尿病、胃腸障害など様々な病気の間接的な原因になる可能性がある。テレワークの普及がストレスを抱える人の比率を減らしたとすれば、働く者の健康を増進することにつながる。企業にとっても、社員にとっても朗報だ。

残業しない社員が最も評価される

通勤時間の消滅と、ワークライフバランスの改善の次に、テレワークの利点として多く挙げられたのは「好きな時間に働ける」という点だった。ドイツの所定労働時間は業種ごとに異なる。たとえば銀行業界では週39時間。ドイツは完全週休2日制なので、1日の労働時間は39時間を5で割って7・8時間になる。テレワークの場合、原則として1日7・

8時間働けば、何時に仕事を始めても良い。会議などがない限り、朝6時に働き始めて午後2時に切り上げても良いし、午前10時に始業して夕方6時まで働くことも可能だ。働く場所は自宅なので、通常はオフィスに入れない朝4時、5時に仕事を始めたり、日中ではなく夕方に働いたりすることもできる。

もともとドイツ企業では日本企業よりも成果主義の傾向が強い。成果さえ挙げられれば、「会社にいる」ことには重きを置かない。ドイツの企業では労働時間法によって、1日10時間を超える労働は禁止されている。残業を一切しなかった人と、残業をした社員がいて、2人とも同じ成果を挙げたとしよう。ドイツでは残業なしの社員の方が高く評価される。日本ならば、締め切り直前まで頑張っていた人の方が、締め切りの3日前に仕事を終えて早めに退社する人よりも高い評価を受ける。あまり早く仕事を仕上げると、「手抜きしているのではないか」と思われる。

だがドイツでは、効率的に働く人つまり短時間で成果を出す人の方が、長い時間をかける人よりも高い評価を受ける。仕事が終わったら、さっさと退社する人の方が「生産性が高い」というわけだ。ドイツでは残業代が非常に高く、1分ごとに支払わなくてはならないので、経営者にとっては、社員が残業なしで成果を挙げるに越したことはない。ドイツ語には「頑張る」に相当する言葉はないのだ。

日本企業では、「頑張ること」や「努力すること」が重視される。日本には「あの人は成果を出せなかったが、よく頑張った」という誉め言葉があるが、ドイツでは考えられない。成果を挙げられないということは、投入された時間と労力が無駄になったことを意味するので、ほとんど評価されない。

精神論より合理主義の国ドイツ

このようにドイツは、成果さえ出せればオフィスにいることが日本ほど重視されない国なので、日本よりもテレワークに適している。**この国では「精神主義（ガンバリズム）」よりも「合理主義」や「効率主義」が重んじられる。**同じ目的を達成するのならば、投入する時間や労力は少なければ少ないほど良い。

テレワークの時代には、成果主義がさらに強まる。オフィスとは違って、上司は部下たちがきちんと働いているかどうかを常に「監視」することはできないからだ。オフィスならば社員が頻繁に席を空けていればすぐに目立つ。だが上司にはテレワークをしている社員の姿は見えない。

　毎日7時間から8時間働かなくてはならないといっても、テレワークを行っている社員たちは自宅での行動をＩＴシステムによって四六時中監視されているわけではない。大半の企業では、テレワーク中の労働時間の把握は自己申告に基づく。ドイツでは、米国とは異なり、社員がＰＣのキーボードを打つ回数などを会社が監視したり分析したりすることは禁止されている。それだけに、部下たちが仕事によって「生み出すもの」つまり成果が一段と重要になる。逆に言えば、テレワーク時代の上司の部下に対する勤務評定の物差しは、目に見える成果だけということになる。

　これは社員たちにとっても、新たな試練である。彼らは漫然とテレワークをこなしているだけでは、上司から「できる社員」と認めてもらうことができず、スピーディーに昇進できない。自宅で働きながら、売上高・収益の引き上げ、新規顧客の開拓、新しいビジネスモデルの開発などの成果を出すことが求められる。しかもその成果が上司の目に届くようにアピールしていかなければならない。社員にとっても、テレワーク時代は知恵を絞ることを要求する。

テレワークが勤務形態の一部として定着

テレワーク拡大に魅力を見出したのは、社員だけではない。企業経営者も様々な利点に気づいた。

ミュンヘンに本社を持つ総合電機・電子メーカーのジーメンスは、２０２０年7月に「コロナ禍が終わった後も、全世界の社員の約半数が、週に2～3回はテレワークを行える制度を導入することを、取締役会で決定した」と発表した。ドイツの大手企業の中で、テレワークを勤務形態の一部にすることを公表したのは、ジーメンスが最初だ。

テレワークを行うかどうかは社員の判断に任され、強制はしない。同社はこのプロジェクトを**「ニュー・ノーマル・ワーキング・モデル」**と名付け、43ヶ国で働く約29万人の社員の内、48％に相当する約14万人の社員に適用する。同社では２０２０年春のロックダウンの後に、社員に対してアンケート調査を行ったところ、回答者の60％が「将来も部分的なテレワークを希望する」と答えた。ただしこの制度は、工場など製造現場で働く社員には適用されない。

同社のロラント・ブッシュＣＥＯ（２０２０年７月当時は最高業務執行責任者＝ＣＯＯ）は、「コロナ禍はデジタル化を加速した。ロックダウンの期間中、我が社ではテレワークが非常にうまく機能した。社員たちは効率的に働き、生産性は高かった。テレワークは企業にとって良くないという偏見は雲散霧消した」と語る。

２０２０年７月の時点で、ジーメンスでは毎日世界中で約80万件のリモート会議が行われていた。ブッシュ氏は、「我が社は、テレワーク社員の増加を考慮に入れた企業組織の改編も検討している。管理職による社員の業績の査定や指導の仕方も、従来のようなオフィスワークを前提にしたものではなく、テレワーク時代に適したものに変更していく。その際に評価の基準となるのは、仕事の成果だ。ジーメンスは働き方に関する発想の転換を進めていく」と語り、テレワークを導入する企業では、成果主義そして社員の自己責任や自律性が一段と重要になるという見解を強調した。

ただしジーメンスは、同社の仕事が１００％テレワークに移行するとは考えていない。むしろ**オフィスワークとテレワークが混在する「ハイブリッド型」**の働き方になるという意見が有力だ。

ミュンヘンのＩｆｏ経済研究所のカトリン・デンメルフーバー研究員らは、ドイツ企業

1188社の経営者を対象に行ったアンケート調査の結果を基に、2020年11月23日にテレワークに関する研究報告書を発表した。この報告書によると、「社員がテレワークを行っていた、もしくは現在も行っている」と答えた企業の比率は、コロナ前には51％だったが、コロナ後は25ポイント増えて76％となった。さらに回答企業の84％が「コロナ勃発後のテレワーク中心の勤務態勢への移行は、容易だった」と答えた。またアンケートに参加した経営者の67％は、「長期的にはコロナ前に比べてテレワークを拡充したい」と答えている。**Ｉｆｏ経済研究所の研究員たちは、「今後ドイツ経済では、テレワークを拡大しようとする絶え間ない圧力が働くだろう」と予想している。**

その背景には、コロナ禍をきっかけに、多くの企業が大規模なテレワークを可能にするために投資を行い、ＩＴインフラを整備したという事実もある。経営者たちは「この投資を無駄にしたくない。投資したからには、元を取らなければ」と考えるはずだ。

世界中から才能が集まる「バーチャル・オフィス」

かつてジーメンスでは、原子炉や火力発電所用のガスタービンのような重厚長大型産業が基幹事業の1つだった。しかし近年では、ドイツ政府の脱原子力政策や非炭素化政策の影響もあり、そうした事業の収益性が低下している。このためジーメンスは、重厚長大型産業の比率を急激に減らして、**インダストリー４・０（ドイツ政府と産業界が進めている製造業のデジタル化計画。詳細は第２章参照）**に関連のあるデジタル部門の比率を増やしている。ＩＴ関連事業は、重厚長大型産業よりもテレワークに適している。つまりジーメンスの基幹事業がデジタル化しつつあることも、今後同社でテレワークが普及するための素地となっている。

もう1つ興味深いのは、テレワークの普及が、グローバルな範囲での人材獲得に役立つということだ。ブッシュＣＥＯは、「このワーキング・モデルは、世界の優秀な頭脳を獲得し、チームの多様性を広げる上でも、大きく貢献するだろう」と語っている。

Bitkomが２０１９年に発表したアンケート調査結果によると、ドイツで不足しているＩＴ技術者の数は、10万人にのぼる。その理由は製造業界で、インダストリー４・０や人工知能などのＩＴ関連技術が重要性を増しているからだ。国内で適した人材が見つからない場合、ドイツ企業は国外に目を向けるしかない。

住む国も国籍も超えて仲間とつながる

実際、ドイツ企業は日本企業よりも積極的に外国人を正社員として採用する傾向が強い。ドイツ政府は法律を改正して、経済界が必要とする技能を持つ外国人については、労働許可・滞在許可を取りやすくするなどの配慮を行っている。

テレワークは、この傾向に拍車をかける。つまりテレワークが勤務体系の一部として定着すれば、社員が住んでいる地域や国は二の次になる。ドイツ国内に住んでいる社員も、ヴァーチャル空間で仕事をしている。それならば、外国に住んでいるスペシャリストも同じ作業をできるはずだ。

たとえばドイツのある大手企業が喉から手が出るほど必要としている特殊な技能を持つＩＴエンジニアが、日本に住んでいるとしよう。テレワーク社員として働く場合には、その社員はドイツに住む必要はない。この会社の大半の社員は英語を話すので、ドイツ語の知識も必要ない。必要なのは、ＩＴエンジニアとしての技能と英語で仕事をする能力だ。つまり少なくとも理論的には、このドイツ企業はその日本人を本社勤務のテレワーク社員として雇用し、ヴァーチャル空間で実施される様々なＩＴプロジェクトに参加させることができる。税制や社会保険に関する問題がクリアーされれば、日本に住んでいるＩＴスペシャリストも、自宅から本社の社員として働くことができる。

オフィス勤務は「過去の遺物」？

現在世界中の大手企業の間では、ＩｏＴ（モノのインターネット）、人工知能、データアナリティクスなどの分野を中心に、高技能を持つ優秀な人材の争奪戦が展開されている。コロナ禍がきっかけとなったテレワークの普及は、この動きにさらに拍車をかけ、居住地とは無関係な多国籍ヴァーチャル空間で働く人の数を増やすに違いない。

その兆候は、求人市場にすでに現れている。Ｉｆｏ経済研究所がデジタル人材サイト・LinkedIn の求人内容を分析したところ、１００％テレワークもしくは部分的なテレワークを含む人材募集の件数は、２０２０年3月1日からの3ヶ月間で2倍以上に増えた。

Ｉｆｏ経済研究所のジャン・ヴィクトル・アルプール研究員は、「米国シリコンバレーのツイッターやフェイスブックなどの先進的なＩＴ企業は、今後社員たちに対しテレワークを行えるオプションを永続的に提供するという方針を打ち出している。将来多くの企業では、オフィスで働くという概念自体が、完全に過去のものになるかもしれない」と述べている。

テレワークでオフィス費用を大幅に削減

テレワークは世界中の企業に対し、オフィススペースについての考え方の見直しを迫る。

2021年1月に、電通グループが東京都港区の本社ビルの売却を検討しているというニュースが流れ、経済界で大きな注目を集めた。48階建てのビルの売却額は3000億円前後になると推定されている。電通は本社を移転せずにビルを借り受ける形を取る。売却計画が浮上した理由の1つは、本社で働く約9000人の社員の内、約80％がテレワークを行っているということだった。株式市場はこの動きを好感し、電通の株価は21日に一時約7％上昇した。

ドイツでも、似たような動きが進んでいる。**同国でも多くの企業が、2020年春に大規模なテレワークを実施して以来、社員を自宅で働かせることによる経費節約効果に気づ**

いた。

企業はオフィスの賃借費用、ＩＴ関連機器、光熱費、書類などの郵送代、文具代などを節約できる。ドイツのテレワークの大半を占めるモバイル・ワーキングでは、ＰＣの電気代、無線ＬＡＮのルーター、事務机や椅子などの費用は、会社ではなく社員が自分で負担する。

将来ドイツでは、オフィスワークとテレワークが混在する働き方が主流になるので、オフィスが完全に不要になるわけではない。それでも、企業にとって経費の一部を節約できることは間違いない。

特に重要なのが、オフィスにかかる賃借費用だ。これまで大手企業はニューヨーク、ロンドンやパリなど家賃が高い都市でオフィスを維持するために毎年多額の賃借費用を払ってきた。しかし将来社員の一部がテレワークを行うとすると、オフィスの面積を縮小して賃借費用の一部を節約することができる。

コロナ・パンデミックが吹き荒れた２０２０年の3～4月、２０２1年の1～2月には、多くのドイツ企業が社員に原則として自宅で働くよう要請した。出社が許されるのは、火急の要件がある場合だけだった。このため、多くのオフィススペースから人影が消え、「遊休施設」のようになった。

一部の企業は、コロナ後もテレワークを勤務形態の一部として定着させることによって、不動産関連コストを節約する方針をすでに打ち出している。その傾向は、デジタル化が進み、テレワークに適した金融サービス業界で最も顕著だ。

たとえばドイチェ・バンク（ドイツ銀行）のカール・フォン・ローア副頭取は2020年7月にドイツの日刊紙とのインタビューの中で「コロナ禍によって、テレワークは非常に良く機能することがわかった。特に大都市での長い通勤時間がなくなるので、社員たちの生産性はコロナ前よりも改善した。我々は現在、不動産にかかる費用の内、どの部分を節約できるかを検討している」と述べている。

同行のクリスティアン・ゼヴィング頭取も、2020年7月に「世界中の我が銀行の行員たちの60％が自宅から働き、しかも顧客サービスを十分に提供できたのだから、我々は家賃が高い大都市で、現在ほど沢山のオフィスを必要とするのだろうか？」と発言している。幹部たちのこうした発言からドイツ銀行が今後テレワークの拡充による不動産関連経費の削減を目指すことは、明白である。

同行はコロナ以前からの業績悪化のためにドイツ国内で経費を10億ユーロ（1260億

円）、行員数を８０００人減らす方針を明らかにしていた。つまり経費節減を目指していた企業にとって、コロナ禍によるテレワークの急激な普及は、「渡りに船」となった。ドイツ銀行は２０２０年春以降、支店や現金自動引出コーナーの閉鎖に拍車をかけている。

金融業界もテレワークが基本

私はドイツ銀行の顧客の1人である。２０２０年春のコロナ禍勃発以前は、様々な代金の振り込みを支店の端末から行っていた。だがコロナ勃発後は、感染の危険を減らすために、振り込みを自宅のＰＣで行うようになり、支店にはほとんど行かなくなった。コロナ前には主に現金払いだったスーパーマーケットやパン屋でも、クレジットカードやデビットカードで支払うことが増えた。**これまでドイツは日本に似て、現金の使用頻度が高い社会だったが、パンデミックがキャッシュレス化を加速している。**

またドイツの公的貯蓄公庫「シュパーカッセン・フィナンツグルッペ」の有価証券運用部門DekaBank（デカ銀行）の取締役会は、２０２０年春のロックダウンの経験から、「将来は社員の内約30％にテレワークを行わせる」という方針を打ち出した。このため同行は、

２０２２年からフランクフルト・アム・マインの新しい本社ビルで賃借するオフィススペースの面積を、コロナ前に持っていた計画よりも25％減らした。

欧州最大の保険会社アリアンツ（本社ミュンヘン）では、２０２０年春のコロナ・パンデミック第1波の際に、社員の90％が在宅勤務を行い、同年7月の時点でも75％がテレワークを行っていた。同社もジーメンス同様、コロナ終息後もかなり多くの数の社員が自宅で働く「ハイブリッド型勤務」を続ける方針を明らかにしており、「現在のオフィス面積の3分の1が不要になるかもしれない」と述べている。

金融サービス企業だけではなく、化学企業バイエル、電力会社エーオン、郵便企業ドイチェ・ポスト、不動産会社ヴォノヴィアなども、オフィスの拡大や賃借に関する計画の際には、テレワーク社員の増加を考慮に入れる方針を明らかにしている。企業によって温度差があるにせよ、コロナ禍終息後も一定の比率の社員にテレワークを行うオプションを与えることで、多くの企業が不動産関連のコストを節約しようとすることは間違いない。

リモート会議で出張経費も節約

さらに２０２０年春以降、ドイツでは顧客との打ち合わせ、交渉の大半もリモート会議で行われるようになったので、将来は飛行機代やホテル代などの出張経費がコロナ前に比べて減る。もちろん将来も顧客との面談の重要性が変わることはないが、頻度は大幅に減るだろう。**「世界中を飛び回る国際ビジネスマン」というエリート社員のイメージは、過去のものになる。**

ドイツでは中東諸国と取引のある企業が多い。欧州から飛行機で5～6時間飛べば、中東に到着する。顧客と1日打ち合わせをするだけでも、往復にかかる時間も含めると、1週間の内ほぼ半分が出張のためにつぶれる。だがリモート会議を行えば、こうした時間を節約できる。リモート会議が終わったら、すぐに他の仕事を行える。ビザを取得する必要もない。社員にとっては、家族と過ごす自由時間を犠牲にして、数日間にわたって異国でホテル暮らしをする必要もなくなる。

重要なことは、パンデミックが世界中でほぼ同時に発生したために、ドイツ企業だけではなく、外国の顧客もリモート会議を受け入れざるを得なかったという点だ。

もしもパンデミックが起きていない時にドイツ企業の担当者が顧客に「経費や時間を節約するために、これからは面談をやめてリモート会議に切り替えましょう」と言っても、顧客は良い顔をしなかったはずだ。長年にわたって続けてきたビジネス上の慣習を突然変えるのは、容易なことではない。

だが多くの国でロックダウンが行われ、顧客にとっても感染リスクを減らす必要性が生じた。さらに多くの国が、外国人の入国を禁じた。外国からのビジネスマンが入国を許されても、入国後14日間にわたって自己隔離措置を義務付けられた場合、この期間には顧客に会うことができない。これでは出張の意味はあまりない。このため、ほぼ全ての顧客がリモート会議にすんなりと同意した。**パンデミックが、一夜にしてビジネスの仕方を劇的に変えたのだ。**

日本のビジネスでは、「仕事が会社ではなく人につく」という傾向がドイツよりも強い。このため面談は極めて重要だ。最初に顧客に会う時には、名刺を渡して詳しく自己紹介をすることが、信頼関係を築く上で重要である。

これに対してドイツでは、「仕事は人ではなく会社につく」というのが常識だ。ビジネス上の関係は、日本に比べるとドライである。ドイツのビジネスマンは、高い給料やより面白い任務を求めて、他の部署や会社にどんどん移っていく。したがって、担当者は頻繁に変わる。このため顧客は担当者個人ではなく、企業との信頼関係を重視する。

つまり会ったことのない顧客にリモート会議で自己紹介を行い、いきなり商談に入ることは珍しくない。顧客も、そうした態度を別に失礼とは思わない。ドイツのビジネスマンは前置きや社交辞令を最小限にして、ずばりとビジネスの本題に入る。その方が打ち合わせを短くして、時間を効率的に使うことができる。

コロナ禍が起爆剤となって、テレワークはドイツ企業・社員のどちらにとっても利益をもたらす「ウィン・ウィン」の状態を生みつつある。これが、ドイツ人たちが「出社しない働き方」へ急速にシフトしつつある理由だ。経営者も働く者も、２０２０年３〜４月のロックダウン時の体験によって、それまで気づいていなかったテレワークの利点について目を開かれた。テレワークは、もはや乳飲み子や年老いた両親を持つ一部の社員だけのものではなくなった。出世と高給、社用車を目指すモーレツ社員も、仕事よりも家庭を重視する社員も、週に何回かは自宅から働く社会がやって来る。

第 2 章

「むやみに出社させない国」に進化したドイツ

──今、加速する「インダストリー4.0」

「製造業にもテレワーク導入」が究極の目標

テレワークは職場のヴァーチャル化、デジタル化でもある。ドイツ人たちはテレワークを通じて、未来の働き方を見つけるための試行錯誤を行っている。日本政府が進めているDX（デジタルトランスフォーメーション）と重なる部分もある。

彼らが今特に重視しているのが、製造業のデジタル化だ。製造業はこの国の経済の大黒柱だが、コロナ・ロックダウンによって大きな打撃を受けた。感染リスクを減らすために、一時的に工場での作業ができなくなったからである。このためドイツ人たちは、製造業についても、デジタル化やリモート化の実現、究極的には部分的なテレワークの導入を目指している。

たとえば工場での製造工程を自宅のPCからコントロールしたり、顧客に販売した製品を現場ではなく、自宅などから遠隔操作によって保守点検・修理を行ったり、機械部品を買うのではなく、機械部品の製造のためのソフトウェアをデジタル・プラットフォームからダウンロードして購入し、自分で「プリントアウト」したりすることを目指している。

つまり現在は工場などで行わなくてはならない作業を、自宅など工場以外の場所から遠隔操作で行うことを考えているのだ。

彼らはすでに２０１１年からこのプロジェクトを続けてきたが、コロナ禍は、デジタル化の必要性を痛感する市民や企業の数を大幅に増やし、デジタル化に拍車をかけようとしている。

金融業界と製造業界の間でテレワーク比率に大きな格差

２０２０年春のコロナ・パンデミック第１波の際、テレワークを最も積極的に行ったのは、銀行、保険、証券、資産運用などの金融サービス業界やＩＴ・通信業界だった。

日本の金融業界ではあまり積極的にテレワークが推し進められていないが、ドイツの金融業界では大きく進んだ。

ニューヨークを思わせる高層ビルが立ち並ぶフランクフルト・アム・マイン。ここはドイツで最も金融機関の数が多く、約７万人が金融サービス業界で働いている。この町の銀行や証券会社、資産運用会社などでは、２０２０年３～４月に従業員の90％がテレワークを行っていた。

同国最大の民間銀行ドイチェ・バンク（ドイツ銀行）の本店では、2500人の行員の内、コロナ第1波の際にオフィスで働いていたのは800人（32％）で、残りは自宅から働いた。**同行の全世界の従業員数は約8万8000人だが、2020年7月の時点では約68％にあたる約6万人がテレワークを行っていた。**

ドイチェ・バンクでは2000年にホーム・オフィス、2017年にモバイル・ワーキングの制度を導入したが、2020年春のコロナ第1波まではほとんど利用されていなかった。

通信企業ドイチェ・テレコムは、2020年春にパンデミックが勃発すると、9万4000人の社員の85％に相当する8万人を自宅で働かせたが、業務には全く支障がなかった。その中には営業を担当する1万6000人の社員も含まれていたが、生産性は下がらなかった。

ドイツ最大のソフトウェア・メーカーSAPの社員たちは、すでにコロナ禍の前から毎週平均2～3日間は自宅で働いていた。このため2020年春にテレワーク社員の比率をほぼ100％に引き上げるのは、比較的容易だった。同社は2020年6月の時点でも社員たちにできる限り自宅で勤務することを勧めていた。社内の打ち合わせは全てリモート会議で行い、会社の会議室でのミーティングは顧客との商談に限っている。

また企業コンサルティングの業界でも、２０２０年春のコロナ第1波によるロックダウンの際は、90％が自宅から働いていた。

これらの業界の人々は、コロナ禍が起きる前から、すでにオフィスではなくヴァーチャルな世界で働く経験を重ねていた。同じビルの中でも上司・同僚とメールやチャットでコミュニケーションを行ったり、デジタル・プラットフォームに保管したエクセルシートについて複数の社員が作業を行ったりするのは日常茶飯事だった。

一部の大手企業ではグローバル化が進んでいるため、コロナ禍が起きる前から多くの社員が外国で働いていた。つまりこれらの業界では、社員がどこで働いているかは二の次だった。そのような業種は、テレワークの普及に適している。

そのことは、「ＤＡＫ」が２０２０年7月22日に公表したアンケート結果にはっきり表れている。この調査によると、「私が働いている企業はパンデミック勃発後、テレワークのための態勢を急激に拡充した」と答えた回答者の比率が最も多かったのは、金融サービス業界で80％。次に多かったのがＩＴ業界（75％）だった。

これに対し製造業界では、日本と同じように、金融サービス業界やIT業界ほどテレワークは普及しなかった。たとえば自動車メーカーBMWは、2013年にすでに一部の社員が自宅などで働ける制度を導入していた。2019年にはドイツで約3万6000人がこの制度を利用した。これはドイツの社員の約40％に相当する。

しかし、BMWなどによると、2020年春のロックダウン中にテレワークを行った社員の数は約3万9000人だった。コロナ禍の勃発後も、テレワークを利用した社員の数が約8％しか増えなかったことになる。その理由について、BMWは「我が社は製造企業であり、大半の社員は工場で働いている。新しい車の開発は、緊密な協力を必要とする複雑な作業だ。したがって、我が社にとっては長期的にテレワークを行う社員の比率を高めることは理想的ではない」と説明している。

またドイツの日刊紙ターゲスシュピーゲルが行ったアンケートによると、フォルクスワーゲンでも、2020年6月の時点でテレワークを行っていたのはドイツの従業員の約30％にすぎなかった。同社は全世界で約12万人を雇用していたが、テレワークを行っていたのは3万～3万5000人（25～29％）に留まっていた。

ミュンヘンの航空機エンジンメーカーであるMTUエアロ・エンジンズでは、社員の

テレワークが最も普及したのは銀行・保険・IT業界

「私が働いている会社、機関はコロナ危機発生後、テレワークのための態勢を急激に拡充した」と答えた人の割合

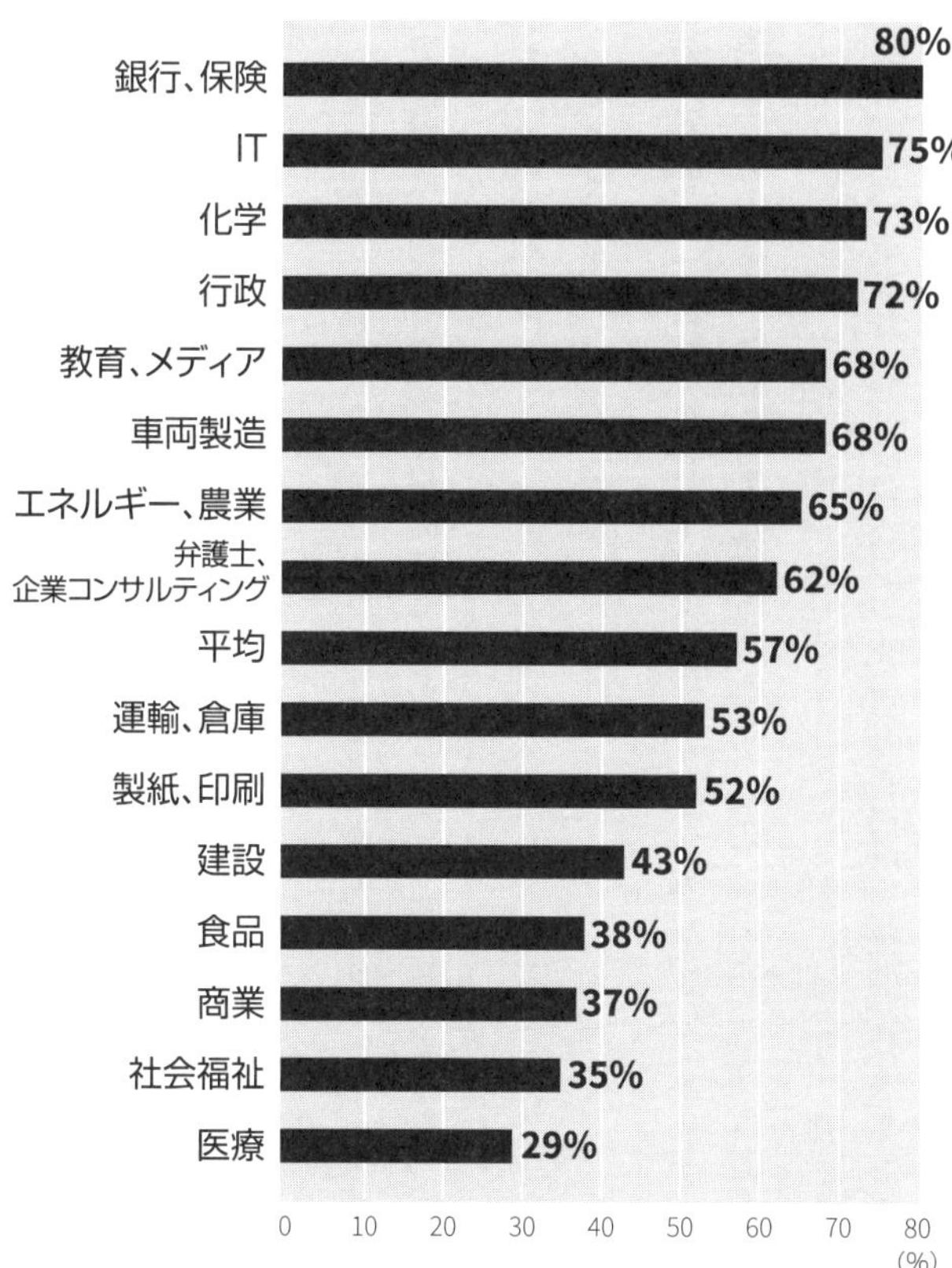

資料=DAK(ドイツの一般健康保険)　2020年7月22日公表

45%がノートブック型PCを持っているが、毎日自宅からこのPCを使って会社のITシステムにログインして働く社員の比率は、20%前後と低かった。同社では社員の半分以上が工場などリモート作業が難しい部門で働いている。

ダルムシュタットに本社を持つ製薬会社メルクでも、テレワークを行った社員の比率は2020年春の時点で40%だった。同年6月にはその内ほぼ全員がオフィスに復帰した。

市民に手紙や小包を届ける会社でも、テレワークは難しい。郵便会社ドイチェ・ポストでテレワークを行ったのは、約55万人の社員の18%にあたる約10万人にすぎなかった。

出社を強制しない社会へ
——今、進む「インダストリー4・0」

ドイツ政府と製造業界は、これまで金融サービス業界やIT業界が中心であるテレワークを、物づくりの現場にも広げることを考えている。そのことがパンデミックのような緊急事態に、製造業のレジリエンス（危機の際にも仕事を中断せずに、平常通り業務を続ける耐久力）を高めるからだ。レジリエンスは、コロナ禍勃発以降、政府関係者やビジネスマンの間ではごく一般的に使われている言葉だ。

２０２０年6月23日に、ドイツ連邦経済エネルギー省と連邦教育研究省は、注目すべき提言書を発表した。標題は「インダストリー４・０と新型コロナウイルス」。

この中で科学者、エンジニア、官僚たちは「コロナ禍を契機に製造プロセスのデジタル化を加速するべきだ」と主張する。経済エネルギー省のペーター・アルトマイヤー大臣は、**「製造業のデジタル化計画・インダストリー４・０は、コロナ禍の悪影響の克服に貢献できる。我々はデジタル化という課題に挑戦し、製造業界、経済と社会を新しい時代に適応させる必要がある」**と述べた。

提言書の標題に使われているインダストリー４・０は、２０１１年にドイツ政府が公表した、製造業のデジタル化計画のことだ。物づくり大国ドイツが、米国や中国のＩＴ企業のデジタル化攻勢に対抗し、製造業における優位を維持するために、伝統的なビジネスモデルを自ら改変して、デジタル化とサービス化の要素を取り入れるというプロジェクトだ。インダストリー４・０の世界では、業種や企業、市場の壁を越えてバリューチェーン全体がネットワークの中でつながることが求められる。これまでの製造業の概念を根本から変える試みだ。

インダストリー４・０は政府主導の下に、トップダウンの産業政策として進められている。先頭に立つのは、ベルリンに本部があるデジタル化推進機関「プラットフォーム・インダストリー4・0」である。経済エネルギー大臣と教育研究大臣がトップに立つ、事実上の「デジタル化推進省」である。2013年にベルリンに設置されたこの機関は、製造業のデジタル化の戦略を策定したり、企業や研究機関の活動をコーディネートしたり、市民や企業に啓蒙活動を行ったりすることを任務としており、中央省庁、学界、産業界、労働組合などの代表が参加している。いわば官民が一体となって製造業を作り替えようとする、国家プロジェクトだ。

物づくりをリモート化する「スマート工場」

インダストリー4・0の中で重要な役割を果たすのが、スマート工場だ。これは製造プロセスの自動化やデジタル化が進んだ工場を意味する。スマート工場の建設は、労働者のテレワークを可能にするための第一歩だ。この工場では様々な機械や部品が無線タグなどでつながれており、相互にデータや情報を交換する。たとえばベルトコンベヤーの上を進む部品や半製品が工作機械に対して、「自分はどのように加工されたいか」などの情報を発信する。「サイバー物理システム（ＣＰＳ）」と呼ばれるこのテクノロジーにより、部品や半製品、工作機械が情報を交換し合う「スマートな存在」に変身する。

このため従来の大量生産方式とは異なり、１つの生産ラインで多種の製品を作ることが可能になる。これを大量個別生産という。

またスマート工場では、装置や機械など、現実世界の「物（コンポーネント）」をデジタル化して複製（コピー）を作る。テストやシミュレーションには、形のある製品と同じ性能を持つ「複製」を使う。この複製は、デジタル・ツイン（双子）とも呼ばれる。こうすれば形のある部品や製品がデジタル化されるので、自宅など、工場以外の場所にあるＩＴ機器からのリモート作業ができるようになる。

ドイツの自動車メーカーはすでに新車のデザイン工程をデジタル化しており、かつてのようなプロトタイプ（試作車）を製造する必要性は急速に減っている。デジタル化によって、将来は新車のシミュレーションや一部の走行実験も自宅から行うことが可能になるはずだ。

製品や部品のデジタル化が、製造業におけるテレワークを実現するための重要な第一歩であることがおわかりいただけるだろう。

現在ヴァーチャル空間では、主にZoomやTeamsを使った会議や交渉が行われているが、将来は物づくりも行われるようになるのだ。

「肉体労働がなくなる日」も近い？

ドイツ政府と学界が特に重視しているのが、デジタル化技術を使った製造業のサービス化だ。ドイツ人たちはこれを「スマート・サービス」と呼ぶ。

顧客からの受注もデジタル・プラットフォームを通じて一元的に管理される。航空機エンジンや自動車、エレベーターなどの製品もスマート化され、使用状況などについてのリアルタイムのデータをメーカーに送り続ける。これらの製品は売られた後も、メーカーと交信し続けるのだ。メーカーは製品から送られてくるデータに異常が見つかった場合などには、能動的に顧客にコンタクトして点検や修理を勧めたり、新しい製品をオファーしたりする。製品が仮に地球の裏側にある国で使われていても、メーカーはスマート製品が送ってくるデータの分析により、顧客に対して「まもなく製品の性能が下がると思われるので、点検もしくは修理しましょうか」と連絡してサービスを提供することができる。これを予測保全と呼ぶ。

インダストリー４・０を最初に提唱した３団体の１つであるドイツ工学アカデミーは、「将来はドイツ製造業の収益において、サービス関連による収益の比率が徐々に拡大していく」と予想している。現在でもすでにドイツの自動車業界では、車を製造して売ることによる収益だけではなく、保守点検、修理、保険、リーシングなどのサービスによる収益が重要な位置を占めている。

ドイツ工学アカデミーは、**「スマート・サービスが実現し、製造業から新しいビジネスモデルを生むようにならないと、インダストリー４・０は成功したことにならない」**と指摘する。

現在まだ人間が行っている自動車の組み立てなど、繰り返しが多い肉体労働の大部分も、将来は無線タグやセンサーを通じて結ばれた産業用ロボットたちが行うことになる。現在も多くの工場でロボットが使われているが、インダストリー４・０が普及すると、その使用頻度は今よりも高まる。

人の業務は「創造的な仕事」だけに

２０１４年にフォルクスワーゲンの人事担当取締役だったホルスト・ノイマン氏は「現在ヴォルフスブルクの本社工場では10万人が働いている。その内の約半分は、機械的で繰り返しの多い肉体労働を行っている。20年後には、現在約５万人が行っている単純な肉体労働は、ロボットによって代替される」と述べたことがある。

もちろん工場の中で突発的に異常事態が起きた時などには、人間が介入する必要がある。人間は、マニュアルに載っていない偶発的な出来事に対して、機械よりも迅速に対応できる柔軟性を持っているからだ。このためドイツ工学アカデミーは「スマート工場が完全に無人化されることはない。**インダストリー４・０は、人間を機械によって代替するためのプロジェクトではない。**労働者は繰り返しの多い単純作業ではなく、生産プロセスの構築、管理、監視などのクリエイティブ（創造的）な役割を演じるようになる」と説明する。製造工程がデジタル化されれば、多くの工員が自宅からロボットたちの労働を監視・制御できるようになるかもしれない。

ドイツの全金属産業労働組合・ＩＧメタルは、当初インダストリー４・０について懐疑的だった。製造業のデジタル化が、雇用の削減につながるかもしれないと危惧したからである。だが現在ＩＧメタルはインダストリー４・０に反対せず、このプロジェクトに参加している。その理由の1つは、インダストリー４・０がリモート製造を実現させれば、一部の労働者がテレワークをできるようになり、労働条件やワークライフバランスが改善される可能性があるからだ。

デジタル・プラットフォームで部品販売も自動化

ドイツ工学アカデミーの長期的な構想によると、**将来ドイツの製造業界はこれまでのように製品・部品そのものを製造・販売するだけではなく、デジタル・プラットフォームを使った製品の販売も行うようになる。**顧客はアマゾンで本を注文するように、デジタル・プラットフォームにログインして、完成品、半製品、部品を購入する。

顧客はデジタル・プラットフォームを使うと、部品調達にかかる時間を大幅に短縮できる。部品メーカーは、部品製造のためのノウハウをソフトウェアとしてデジタル・プラットフォームにアップロードすることもできるからだ。顧客はこのプラットフォームに世界のどこからでも、いつでもアクセスできる。

たとえばブラジルにある機械メーカーで、ドイツメーカーの特定の部品が至急必要になったとしよう。現在ならば、部品をドイツからブラジルに空輸することになるが、通関手続きなどを含めると、ブラジルの顧客が部品を入手できるまでに少なくとも1週間はかかる。

これに対し、ドイツ工学アカデミーが想定するインダストリー４・０の世界では、ドイツのメーカーはこの部品の製造ノウハウをソフトウェアとしてデジタル・プラットフォームにアップロードする。ブラジルの顧客は代金を払って、このソフトウェアをダウンロードし、部品の素材がある工場へ持ち込む。その工場はソフトウェアの情報を基に、３Ｄプリンターを使って、顧客のために部品を製造する。このプリンターは、紙に2次元の内容を印刷するかのように、３次元の立体を「印刷」できる。３Ｄプリンターが、４方向から撮影したアイドル歌手の写真を基にして素材を削り、小さなフィギュア（人形）を製造するのをご覧になった方もいるだろう。日本の模型業界などでもこの技術はすでに多用されている。つまり３Ｄプリンターが行うのは、「立体部品のプリントアウト」である。**メーカー**

が部品そのものを顧客に対して空輸しなくても、顧客は自国にいながらにして、部品を手に入れることができるのだ。

この方式を使えば、ブラジルの顧客は注文から数時間で部品を手に入れることができる。このようにデジタル化されたサプライチェーンは、将来再びパンデミックが起きた時に部品供給が絶たれる事態を防ぐことにも貢献する。販売過程で人間が介在する余地も減るので、感染リスクの減少にもつながる。

工場の製造キャパシティーを売る「デジタル経済」

また**インダストリー４・０の世界では、工場などの設備を所有することの重要性が過去に比べて減る。**そして製造キャパシティーを他社に切り売りするという新しいビジネスモデルが生まれる。

工場所有者は、製造キャパシティーをデジタル・プラットフォーム上に公開して、購入者を募る。たとえば自分の工場に対する発注が少ない時には、製造キャパシティーが不足している他のメーカーに自分の工場を使わせて、料金を受け取る。これをManufacturingas-a-Service（MaaS＝サービスとしての製造）と呼ぶ。こうすれば、工場の所有者は稼働率の低下を防ぐことができる上、他社に余剰キャパシティーを使わせることによって収益を得ることができる。

デジタル化された経済では、工場などの資産を持たないことは、必ずしも貧しさを意味しない。肝心なことは、サービスの提供である。米国のウーバーは自動車を1台も所有することなく、デジタル・プラットフォームを通じて、モビリティーを提供できる人と、モビリティーを探している人を結び付けることに成功した。エアビーアンドビーは、ホテルを1軒も所有せずに、デジタル・プラットフォームを通じて、宿泊する場所を提供してお金を稼ぎたい人と、泊まる場所を探している人を結び付けた。多数のホテルや車を所有していると、需要が減った時に所有物が収益を生まない「座礁資産」になる危険があるが、キャパシティーを探している人とキャパシティーが余っている人をマッチングさせるサービスによって収益を上げるビジネスならば、座礁資産が生じるリスクは比較的低い。

MaaSは、ウーバーやエアビーアンドビーの製造業版である。このビジネスモデルでも、キャパシティーの検索や取引はデジタル・プラットフォームを通じて行われるので人間が介在する余地は少なく、感染リスクを低く抑えることができる。

ドイツ工学アカデミーは、「ロックダウンによるサプライチェーン寸断の経験は、製造業界が不測の事態に適応して、ビジネスの形式を変化させる柔軟性と敏捷性が極めて重要であることを示した。このためリモート製造やMaaSに代表されるデジタル生産方式を採用しようとする企業が増えるだろう。デジタル化が進めば、低賃金国へ生産設備を移して経費を節減しようとする動きは減っていく」と主張している。

これは製造施設が外国へ移転する「産業の空洞化」を防ぎ、国内での雇用が増えることを意味する。

コロナ禍により「デジタル社会」への最初の一歩を踏み出したドイツ

興味深いことに**コロナ禍が勃発して以降、ドイツ企業の間では、インダストリー４・０への関心が急激に高まった。** Bitkomは、インダストリー４・０関連技術の普及度を調べるために、ほぼ毎年アンケート調査を行っている。２０２０年にも、従業員数が１００人を超えるメーカー５５２社を対象としてアンケート調査を実施し、その結果を同年５月19日に発表した。

コロナ禍で「インダストリー4.0」への関心が急増

2016年の調査

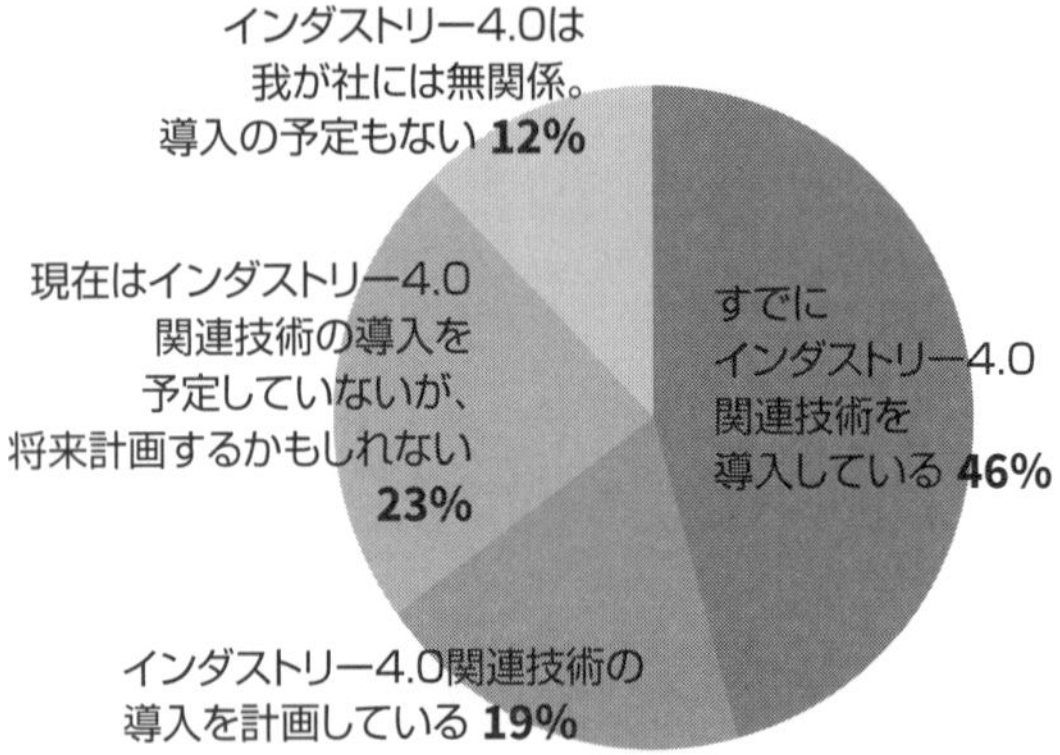

インダストリー4.0は
我が社には無関係。
導入の予定もない **12%**

現在はインダストリー4.0
関連技術の導入を
予定していないが、
将来計画するかもしれない
23%

すでに
インダストリー4.0
関連技術を
導入している **46%**

インダストリー4.0関連技術の
導入を計画している **19%**

↓

2020年の調査

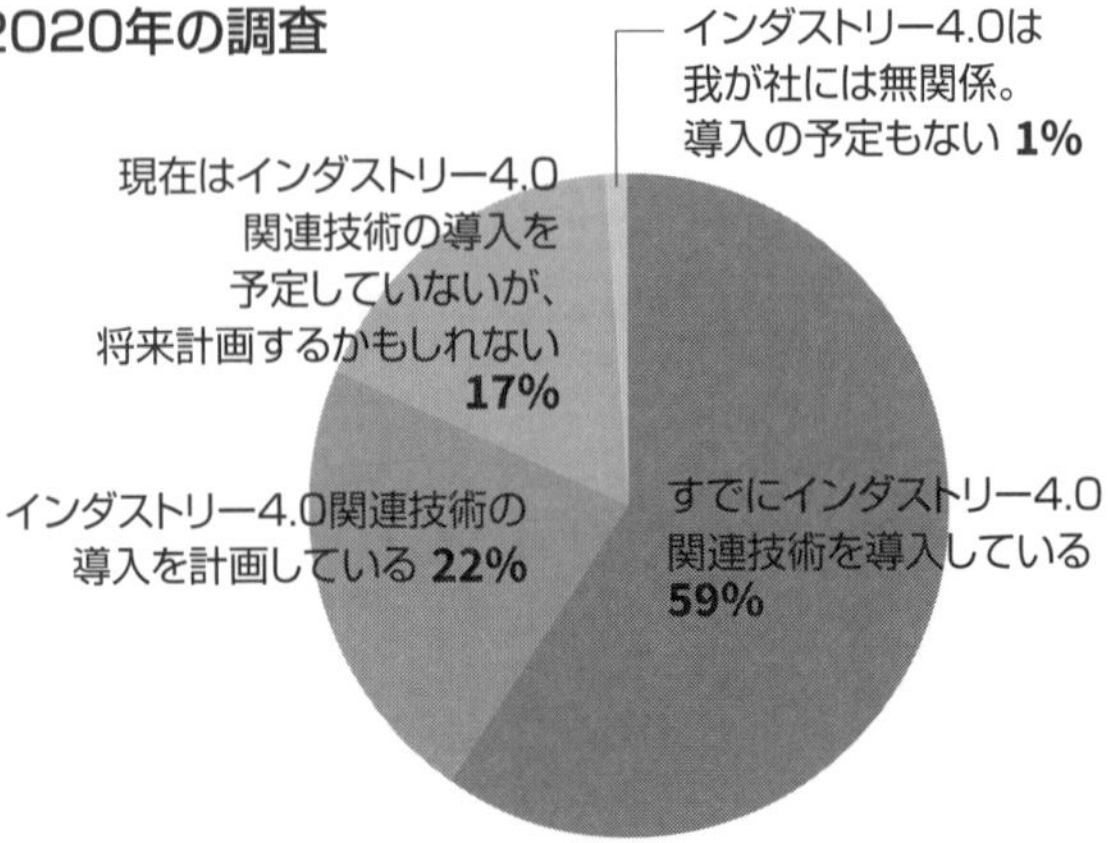

インダストリー4.0は
我が社には無関係。
導入の予定もない **1%**

現在はインダストリー4.0
関連技術の導入を
予定していないが、
将来計画するかもしれない
17%

インダストリー4.0関連技術の
導入を計画している **22%**

すでにインダストリー4.0
関連技術を導入している
59%

※四捨五入の関係で、合計は100%になりません。
資料=Bitkom

コロナ禍以降、大半の企業が デジタル化のための投資を増やした

質問：「コロナ禍は貴社のデジタル化に どのような影響を及ぼしましたか?」

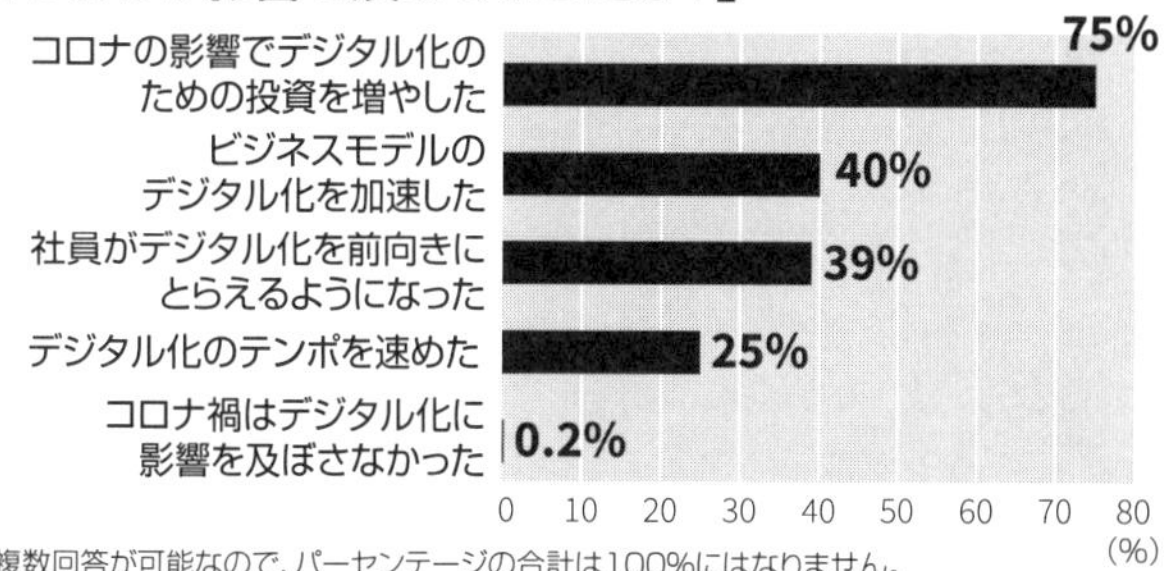

※複数回答が可能なので、パーセンテージの合計は100%にはなりません。
資料=Bitkom

Bitkomによると、２０１６年にはインダストリー４・０関連の技術を導入した企業の比率は46%だったが、２０２０年には13ポイントも増えて59%になった。２０１６年には回答企業の12%が「インダストリー４・０は、我が社には無関係。導入の予定もない」と答えていたが、２０２０年の調査ではこうした消極派企業の比率がわずか１%に下がった。

また「コロナ禍は貴社のデジタル化にどのような影響を及ぼしましたか?」という設問に対して「コロナの影響でデジタル化のための投資を増やした」と答えた企業の比率は、75%にのぼった。「コロナ禍はデジタル化に影響を及ぼさなかった」と答え

た企業は、わずか0・2％に留まった。
これらの数字は、コロナ・ロックダウンを経験した多くの企業が、緊急事態への耐性を高めるという観点から、インダストリー4・0の重要性を強く認識したことを示している。

デジタル化に利点を見出す人が増えた

コロナ禍によるデジタル化への影響についてのアンケートの中で、回答者の39％が「社員がデジタル化を前向きにとらえるようになった」と答えている。これは、テレワークの効果である。**ドイツの労働者の中には、以前デジタル化について否定的な意見を持つ人が少なくなかった。**彼らは「デジタル化によって自分の仕事がなくなるのではないか」とか「デジタル化によって仕事のやり方が大きく変わるので、自分の知識や技能は古びてしまう。新しいスキルを習得しなければならなくなるのは、面倒だ」と考えたのである。労働者たちは、頭の中では「デジタル化は避けられない」とわかっていても、具体的な恩恵に浴したことがなかったので、懐疑的な態度を捨てられなかったのだ。

だが**コロナ禍によるロックダウンは、数千万人のドイツ市民に初めてデジタル化の恩恵**

テレワークを経験したことで、デジタル化への好意的な意見が増えた

「デジタル化は私に利益をもたらす」と答えた人の割合

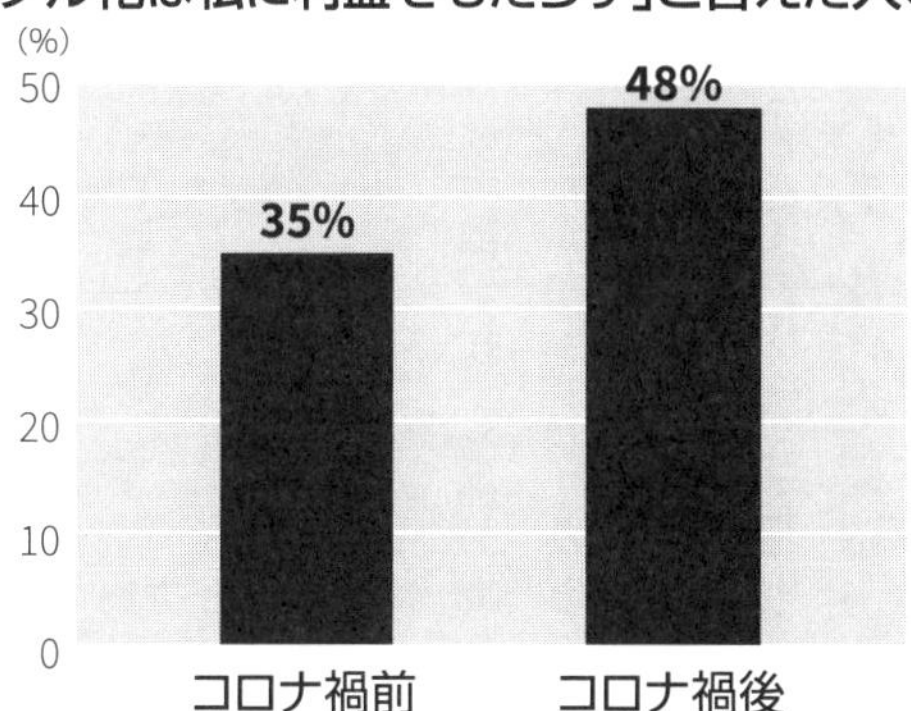

「デジタル化は利益と不利益の両方をもたらす」と答えた人の割合

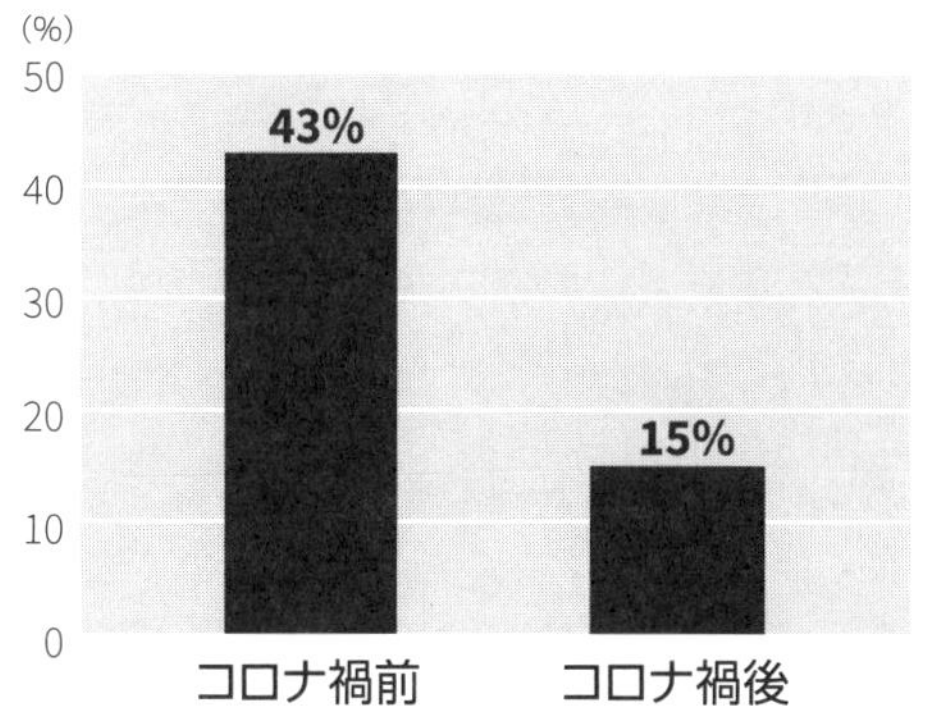

資料＝DAK（ドイツの一般健康保険） 2020年7月22日公表

を経験させた。彼らは長期間にわたるテレワークを初体験することによって、デジタル化の利点を肌身に感じた。人々は「デジタル化のおかげで自宅からオフィスと同じように働くことができた。デジタル化には、良い点もある」と考えたのだ。

ＤＡＫによるアンケート結果も、この心境の変化をはっきり示している。ＤＡＫがコロナ禍勃発前に行ったアンケートでは、「デジタル化は私に利益をもたらす」と答えた人の比率は35％だったが、コロナ禍勃発後にはこの比率が13ポイントも増えて48％になった。逆にコロナ禍前には回答者の43％が「デジタル化は、利益と不利益の両方をもたらす」と答えていたが、コロナ禍が起きた後の調査では、この比率が15％に大きく減っている。つまり多くのドイツ人たちがテレワークという形で、初めてデジタル化の具体的な恩恵に触れ、「これは良い」と感じたのである。

ドイツ物づくり業界の大黒柱＝中小企業のデジタル化を急げ

ドイツ企業の約99％は、「ミッテルシュタント」と呼ばれる中小企業だ。これらの企業は機械製造に強く、特殊な部品や半製品に特化する。ドイツは人件費が高いので、中小企業は携帯電話や白物家電のように価格競争が激しい部門を避け、付加価値が高い製品を売る。

消費者やメディアには名前を知られていなくても、ニッチ部門では世界市場の60〜70%のマーケットシェアを持つという強豪企業も多い。他社の生産活動に不可欠な部品や半製品を供給することで、「この会社の製品がないと、我が社は製品を作れない」という状況を作り出し、顧客をがっちりと自社にひきつける。これらの企業の力の根源はイノベーション（技術開発）力の強さであり、特許出願数も多い。

ドイツの中小企業は、日本の中小企業よりも「下請け」というイメージが薄い。彼らは外国での見本市などに積極的に進出して、商品を売り込む。日本の中小企業よりも国際的なマーケティング力・輸出志向が強いのだ。

つまり中小企業は、ドイツの物づくり業界の重要な柱である。このため、**中小企業が製造業のデジタル化やサービス化に踏み切らなければ、国家プロジェクト・インダストリー４・０は成功したことにはならない。**

デジタル化にブレーキをかけた好景気

皮肉なことに、2010年から2019年まで続いた未曽有の好景気は、中小企業のデジタル化を遅らせてしまった。この時期にドイツ製の機械や部品への国外からの需要が高まり、輸出額はほぼ毎年最高記録を更新した。機械製造に携わる多くの中小企業では、受注が急増したことや人手不足のために生産が追いつかないほどだった。失業率は、東西ドイツが統一された1990年以来、最も低い水準まで下がった。

したがって多くの中小企業経営者は、デジタル化に対応する余裕がなかった。2018年4月に「プラットフォーム・インダストリー4・0」のヘンニヒ・バンティエン事務局長は、当時の中小企業の状況についてこう語った。

「現在ドイツの景気は絶好調です。中小企業では受注額がどんどん増えて、生産が間に合わないほどです。つまり中小企業は、以前から続けてきたビジネスモデルで大きな成功を収めているのです。彼らにはインダストリー4・0について本腰で取り組む時間やリソースがないのです。こうした時期に、なぜ中小企業の伝統的なビジネスモデルを変えなくてはならないかを理解してもらうには、相当時間がかかります」

つまり**中小企業が好調だったからこそ、インダストリー４・０の普及が遅れるという皮肉な事態が起きていたのだ。**確かに、伝統的なビジネスモデルが絶好調である時期に、それをあえて破壊して、デジタル・プラットフォームを中心にしたシステムに移行しなくてはならないと説得するのは難しい作業だ。ドイツ政府は各地の商工会議所を通じてインダストリー４・０に関する講習会を開いたり、デジタル化に関する無料コンサルティングを行ったりした。それでも中小企業の間では、デジタル化がなかなか進まなかった。

「我が社にとって、インダストリー４・０は無関係」という企業

私はなかなかデジタル化に踏み切れないドイツの中小企業の人々の声を、いくつか聞いたことがある。

２０１３年に、ミュンヘンから東京へ向かう飛行機の中で、ドイツ人のエンジニアと話をする機会があった。年齢は30歳代後半くらいで、自動車関連技術を扱う旧東ドイツの中小企業に勤めていた。彼が働く会社が持つ特殊な技術について、日本や韓国、中国の企業

の間で需要が急増しているので、毎年3〜4回アジアへ出張するという。彼に「インダストリー4・0についてどう思いますか」と尋ねてみた。するとこのエンジニアは、「インダストリー4・0は我が社には全く関係がない。あれは、メディアが騒いでいるだけですよ」と、一言の下に切り捨てた。このため会話は途切れてしまった。

私は「この人はまだ若いので、新しい技術に対して関心を抱くのではないか」と予想していた。だが彼は予想に反して、まるで扉をぴしゃりと閉めるような反応を示した。それだけでなく、当時メディアがインダストリー4・0について頻繁に報じていたことについても、批判的だった。私はその反応に、このエンジニアの一種の「恐れ」を感じた。「彼の会社が扱っている製品またはサービスには、インダストリー4・0の技術が適用できないか、インダストリー4・0が普及すると、彼の会社の製品かサービスへの需要が激減してしまうのだろう」と思った。

伝統的ビジネスモデルから抜け出せない企業も

私が2018年に訪れたある中小企業でも、デジタル化は進んでいなかった。バイエルン州東部のシュトラウビングにある中小企業シュトラマＭＰＳは、自動車メーカーや部品製造企業のための特殊な加工機械や生産ラインを製造している。いわば自動車メーカーの下請け企業を支える会社だ。

ヘルベルト・ヴィットル社長は、自分の企業を「特殊機械メーカー」と呼ぶ。彼は、「我が社の強みは、お客様のニーズに合わせて、加工機械や製造ラインをテイラーメイドで作ることです。しかも、我が社は、部品・機械の製造、加工、組み立てから洗浄、検査まで、あらゆるプロセスのための設備を一手に提供することができるので、お客様は大幅に手間を省けるのです」と語った。

エンジニア不足に悩む自動車メーカーや部品メーカーにとっては、特定の作業工程を、高いノウハウを持つシュトラマＭＰＳに任せられるという利点がある。従業員数は、９５０人。過去10年間で2倍に増えた。２０１１年の時点でドイツには生産ラインのメーカーが58社あったが、シュトラマＭＰＳは、売上高で第10位だった。

ヴィットル社長も、彼の会社の基幹事業をデジタル化することには懐疑的だった。「我が社は、製品を流れ作業で組み立てるメーカーではなく、顧客の注文を受けてテイラーメイドで製造ラインなどを作るメーカーなので、工作機械と部品をネットで接続するサイバー物理システム（ＣＰＳ）の導入はまだ行っていません。製品を納入した後も、エンジニアがサポートする必要があるので、完全にデジタル化することが難しいのです」と語る。

社長は、機械メーカーがネットにつながれた製品から送られてくるビッグ・データを分析することにより、新ビジネスモデルを提供する「スマート・サービス」には、懐疑的だ。彼は言う。「確かに今ドイツの機械製造業界では、メーカーがビッグ・データに基づいて新しいサービスを提供することについて、盛んに議論が行われています。しかし、お客様が機微な情報を保護するために、データを他社に渡したがらないケースを経験したことがあります」。

彼は「我々は、スマート・サービスのような新機軸でお金を稼ぐよりは、伝統的な機械製造でまだやれるという気持ちが強いのです」と付け加えた。

ヴィットル社長の言葉には、「確かにデジタル化できればそれに越したことはない。だがこれまで通りのビジネスモデルで収益を稼げているのだから、それを無理に変える必要はない」という当時の経営者の心境が表れている。コロナ禍が起きる前には、多くの中小企業経営者がこう感じていたに違いない。


大手企業と中小企業の間では、デジタル化の進捗度に格差が広がっている。２０１１年にドイツ政府がインダストリー４・０宣言を行って以来、ジーメンス、フォルクスワーゲン、ボッシュ、ＢＭＷのような大企業は、豊富な人材と潤沢な資金があるために、デジタル化を着々と進めてきた。すでにスマート工場のためのソフトウェアを売り始めている大企業もある。これに対し、**ドイツ企業の99％にあたる中小企業では、人材や資金の制約のために、大企業に比べるとデジタル化が遅れていた。**

２０１８年にドイツ復興金融公庫（ＫｆＷ）は、中小企業のデジタル化に関するアンケート調査を公表した。その調査結果によると、従業員数が50人を超える企業では、２０１４～２０１６年にデジタル化に関するプロジェクトを開始した企業の比率は45％だったが、従業員５人未満の企業では24％に留まっていた。２０１６年にドイツの中小企業は工場や機械などに１６９０億ユーロを投資したが、デジタル化のための投資額は１３９億ユーロで、10分の１にも満たなかった。

２０１６年８月にマンハイムの経済研究所、欧州経済研究センター（ＺＥＷ）が発表した、中小企業に対するアンケート調査でも、「製品やサービスのデジタル化を始めましたか？」という問いに対して「始めた」と答えた企業は19％にすぎなかった。「何がデジタル化を阻んでいますか？」という問いに対しては、回答企業の67％が「社員のスキル不足」を挙げ、59％が「投資にコストがかかる」と答えた。**これらの数字には、中小企業がデジタル化を実行したくてもカネとヒトの不足に阻まれていたという実態が浮かび上がっている。**

突如訪れたドイツ社会の大転換

だが２０２０年春以降のコロナ禍は、状況を一変させた。多くの中小企業が、国境閉鎖のために部品の供給を受けられず、工場での感染を防ぐために生産を一時停止したり縮小したりしなくてはならない状況に追い込まれた。さらに、経理や企画など非製造部門で働く社員を自宅で働かせようと思ったが、ＶＰＮなどのテレワークのための前提が整っていなかった企業もある。

パンデミックが引き金となって、中小企業にとってもリモート製造方式やデジタル・プラットフォームを使った受注・販売方式が俄然重要度を増した。社員を感染の危険から守るために、人間が工場に行かなくても業務を続けられるビジネスモデルが必要になった。

具体的な例を挙げよう。ドイツのスーパーマーケットでは、レジに電子計量器（秤）があり、店員が野菜や果物の重さを量って代金を請求する。同国の計量器メーカー・ビツェルバ社は、本社から遠隔操作で、電子計量器の保守点検や修理を行うアプリケーションを開発した。コロナ前には、このリモートサービスを利用する顧客は、全体の５％に過ぎなかった。しかし２０２０年春にコロナ禍が勃発して以降は、遠隔操作による保守点検・修理サービスを利用する客の比率が４倍に増えて、20％になった。多くのスーパーマーケット経営者が、感染リスクを減らす上でこのサービスが有益であることを理解したのである。

ドイツの多くの企業にとってこれまでインダストリー４・０は「nice to have」つまり「あれば良いが、なくても別に困らないもの」だった。だがコロナ禍によって、突然インダストリー４・０は企業が生き残るために「must have」つまり「欠くことができない」要素になったのだ。

コロナ禍の勃発以降、「我が社にとってインダストリー４・０は無関係」と答える企業の比率が12％から１％へ激減したことは、経営者たちの意識の変化をはっきり示している。

金融サービスやＩＴ業界だけではなく、製造業界の労働者も出社せずに自宅から働くことができる――。ドイツ人たちは、究極的にはそのような社会を建設することを心の中に描いているのだ。

第3章

「ひとりひとりがマイペースで働く権利」を保障する国

――ドイツ流・働きすぎを防ぐ仕組み

初の「テレワーク政令」

コロナ・パンデミック第2波の被害が深刻化していた2021年1月27日に、ドイツ政府はテレワークをめぐり重要な政策をとった。

ドイツ政府はこの日から3月15日まで約1ヶ月半にわたって政令を施行させ、企業経営者に対して、業務上の制約がない限りテレワークを社員に許可するよう命じた。2020年春の第1波の時には、政府は企業に対して極力テレワークを行うよう要請するだけで、政令や法律という強制手段を使わなかった。政令には法律ほどの拘束力はないものの、政府が企業に特別な事情がない限りテレワークを社員に許可するよう命じたのは初めてだ。

この政令の目的は、毎日万単位で感染者数が増え、約1000人が死亡するという深刻な事態に歯止めをかけることだった。緊急措置だったとはいえ、政府が初めてテレワーク政令を施行させたことの意味は大きい。テレワークの法制化に関する議論が一向に進まない日本とは対照的である。

テレワークを許可しない経営者には罰金

この政令によると、技術的な制約や業務上の理由がない限り、企業経営者は社員に対して「あなたが希望するならば、テレワークを行ってもよい」と通告しなくてはならない。
ただし社員がテレワークを行うかどうかは任意であり、強制はされない。

もちろんこの政令は、技術的にテレワークができない業種には適用されない。たとえば工場で自動車を組み立てる労働者や、小包を届ける配送業者、毎日パンを焼く製パン職人、スーパーマーケットで食料品を売る店員などは、自宅からは働けない。こうした業種の企業経営者は、テレワークの許可を強制されない。

だが社員は経営者に情報開示を求めることができる。たとえばPCによる事務作業が中心で、自宅からの勤務が可能な企業なのに、経営者がオフィスへの出社を求める場合、経営者はテレワークを許可しない理由を社員に提示しなくてはならない。

社員は会社側の説明について納得できない場合、組合に相談したり、事業所監督局や社会保険の運営機関に通報したりすることができる。事業所監督局が調査し、「経営者は特段の事情がないのに、社員にテレワークを許可しなかった」という結論に達し、悪質なケースと判断した場合、最高3万ユーロ（378万円）の罰金を科すことができる。

政令を発布したのは、連邦労働社会省のフベルトゥス・ハイル大臣（ドイツ社会民主党＝SPD）。

ハイル大臣は「すでに多くの企業は、テレワークが可能であることを示した。今から約1ヶ月半にわたり、原則として全ての企業がテレワークを社員に許可しなくてはならない。これは経済活動に対する制約だが、感染リスクを減らすためには、やむを得ない。テレワークが技術的、業務的に可能であるにもかかわらず、経営者が恣意的に実施を拒むことは許されない」と語った。

国民の安全のために出社を極力減らす

ハイル大臣が発布した政令は、企業にとって相当厳しい内容を含んでいた。**「感染リスクを最小限にするために、職場に行く市民の数を極力減らそう」**という政府の意図が明瞭に表れている。

たとえば、社員が出社しないと業務ができない企業の経営者は、部課を細かく分け、1つの部屋で働く社員の数を減らしたり、出勤時間をずらしたりしなくてはならない。社員が密集して働く状態を避けるためだ。原則として、企業は社員1人あたり最低10平方メートルのスペースを与えなくてはならない。

さらに企業は、工場やオフィスで働く社員に対し、フィルター機能が高いＦＦＰ２マスクを配って着用させなくてはならない。直近1週間における人口10万人あたりの新規感染者数が２００人を超える地域では、企業は社員に対し毎週コロナウイルスの簡易検査を実施することを義務付けられた。

ドイツには、政府が企業や市民の行動を律する枠組みとして、法律と政令の2種類がある。法律は議会での審議や票決を経ないと施行できないが、政令は、連邦政府や州政府の所管大臣が、議会での手続きを経ずに発布できる。企業や市民に対する拘束力があり、違反した場合の罰則もある。したがって、ハイル大臣は議会での審議や承認なしに、この政令を発布することができたのだ。

この政令は、テレワーク法制化へ向けた重要な一歩と言うことができる。

政界・経済界・労働組合が三つ巴で論争

実は、ドイツのテレワークの法制化をめぐる議論は、この政令が発布される約3ヶ月前から行われていた。政界・経済界・労組が三つ巴となり侃々諤々の論争が起きていた。

議論の口火を切ったのは、ハイル労働社会大臣である。彼は２０２０年10月３日に、大衆紙ビルトとのインタビューで、「企業は、業務に支障が出ない限り社員に毎年少なくとも24日間の在宅勤務を行わせるべきだ。私は、テレワークの最低日数を法律に明記する方針だ」と発言した。

当時ハイル大臣は、「企業は、社員に最低24日間テレワークを行う権利を与えなくてはならない」と考えていた。この構想によると、経営者は、「業務を行うためには社員が工場やオフィスへ出勤する必要がある」と証明できない限り、社員がテレワークを行うことを拒否できなくなる。２０２０年にはテレワークは企業の自由裁量で行われていた。ハイル大臣は、テレワークを行う権利を法制化しようと考えたのだ。

しかもハイル大臣が提唱した24日間は、法定の最低日数であり、労使間の話し合いの結果によってはこれ以上の日数になる可能性もある。

ドイツでは、通常経営者団体と産業別労働組合が交渉して、具体的な働き方の細部について決定する。たとえば連邦休暇法は、企業に対して最低24日間の有給休暇を社員に与えることを義務付けているが、実際にはドイツの大半の企業は30日の有給休暇を与えている。独自の判断で、33日の有給休暇を与えている企業もある（しかも社員は、有給休暇を１００％消化するのが常識になっている）。

つまり仮に法定のテレワーク最低日数が24日でも、労使の交渉の結果、実際に企業が社員に認めるテレワーク日数は24日を上回る可能性もある。

ハイル大臣はインタビューの中で、「最も重要なのは、労働者の健康を守ることだ。パンデミックが起きている時には可能な限り自宅から働くべきだ。企業はそのための環境を整えなくてはならない」と述べ、感染防止の観点からテレワークの重要性を強調した。

その上で大臣は、「２０２０年春のコロナ禍では多くの企業が自主的にテレワークを実施した。その結果、多くの社員が自宅で働いても業務に大きな支障が出ないことがわかった。もちろん、パン焼き職人は自宅でパンを焼くことはできない。しかしテレワークが可能な職種は沢山ある。したがって我々は、コロナ禍が終息した後も、これまでよりも多くの就業者がテレワークを行えるように、法的な枠組みを整えるべきだ」と語っている。つまりテレワークを行うか否かの決定を企業の自由裁量に任せるのではなく、政府が法律で社員に対しテレワークを行う権利を保障しようというのだ。

企業の自由裁量に任せておくと、テレワークの実施状況に格差が広がる可能性がある。たとえば「社員は会社で働くべきだ」という信念を持つ経営者がいるとしよう。彼の会社はテレワークに適した金融サービス業界に属しており、技術的なインフラも整っている。だが在宅勤務に関する決断が自由裁量である限り、経営者は自分の判断でテレワークを拒否し、社員に対して出社を要求することもできる。ハイル大臣は、テレワークの最低日数を法律に明記することで、そうしたケースを減らし、より多くの労働者が在宅勤務を行えるようにしようと考えたのだ。これは業種や技術的なインフラが許す限り、テレワークに関する機会均等を目指す政策である。

働き方を個人が決める「モバイル・ワーキング法案」

同年11月30日に、ハイル大臣は「モバイル・ワーキング法」と名付けた法案を公表した。

この法案は、労働者がテレワークについて会社側と協議する権利を明記した。ただし24日間のテレワーク最低日数に関する規定が削除されるなど、ハイル大臣が新聞とのインタビューで提唱した最初の構想に比べると、内容が弱められていた。

ハイル大臣は、この法案を提出する理由として、「２０１８年３月にＳＰＤとキリスト教民主・社会同盟（ＣＤＵ・ＣＳＵ）が調印した連立合意書の中で、３党はテレワークを促進するための法的枠組みを整備する方針を明記していた」と説明する。メルケル政権は、パンデミックが起こる２年前からテレワークを振興することを目指していたのだ。

法案によると、社員はテレワークを始める少なくとも３ヶ月前までに、テレワークを行う期間と業務範囲、勤務場所などについて、会社側に申請書を提出しなくてはならない。一方企業は、労働者がテレワークについての希望を表明した場合、無視することは許されず、協議に応じなくてはならない。企業はテレワークの申請を拒否する場合、２ヶ月以内に書面で拒否の理由を明示しなくてはならない。企業側がテレワークに関する協議に応じない場合には、社員は原則として、最高６ヶ月間にわたりテレワークを行うことを認められる。

さらにハイル大臣は、テレワーク拡大に伴って公的労災保険の規定を改正することも提

案した。

ドイツ企業で働く会社員は、全員公的労災保険への加入を義務付けられている。この保険は業務中の事故などで怪我をしたり病気になったりした場合の治療費やリハビリ費用をカバーする。保険料は100%企業が負担している。**公的労災保険は、自宅と職場の間で出退勤の際に起きた事故や、出張中に業務に関連して起きた事故もカバーする。**

ハイル大臣は「現在の公的労災保険は、テレワークを行っている労働者が子どもを学校や託児所へ連れて行く時、あるいは自宅に連れて帰る途中に起きた事故をカバーしない。これは不当であり、私はそのような状況で起きた事故も公的労災保険でカバーされるように法律を改正したい」と述べている。

ドイツで毎年起きる事故の約60%は、会社以外の場所（自宅にいる時か、余暇の時間）で起きている。最近もテレワークを行っていた会社員が、自宅の階段から転げ落ちて、足の指2本を骨折した。つまり自宅で働く時の負傷リスクの保険カバーは重要である。

さらにこの法案は、職場での労働安全に関する規定を自宅にも拡大することも明記した。

在宅でも働きすぎを防止

またハイル大臣は法案の中で、「自宅でのテレワークによる過重労働を避けるために、労働時間の開始時刻と終了時刻を完全に記録することを義務付けるべきだ」と提案していた。その理由は、２０２０年のドイツで、テレワークを行うと、労働時間がオフィスで働く時よりも長くなる傾向が見られたからだ。

ドイツの企業では、1日10時間を超える労働は法律で禁止されている。多くの企業は、20時以降オフィスで働くことも禁止している。ところがテレワークでは、労働者はすでに自宅におり、オフィスから退勤する必要がないため、業務が終わるまで仕事を続けてしまう傾向がある。またリモート技術の普及で会議を容易に開けるようになったため、コロナ禍勃発以降はミーティングの回数も増えた。

ドイツ・デュイスブルクの労働適格性研究所（ＩＡＱ）が２０２０年5月に発表したアンケート調査結果によると、パンデミック勃発後にテレワークを行った労働者は、１週間の労働時間がコロナ前に比べて平均4時間長くなっている。ＩＡＱは、「テレワークでは独りで働いているために、知らず知らずの内に根をつめて働いてしまう傾向があり、睡眠不足や過労につながる可能性がある」と指摘している。

テレワークのために労働時間が長くなる傾向は、他の国でも見られる。ニューヨーク大学とハーバード・ビジネス・スクールは、欧州、米国、中東などの2万1000社の企業で働く310万人を対象にテレワークについてのアンケート調査を行い、その結果を2020年8月に発表した。その結果、パンデミックによるロックダウンの際には、回答者の1日の平均労働時間はコロナ前よりも48・5分長くなっていた。さらにリモート会議の導入のために、会議の数がコロナ前に比べて12・9％増え、会議参加者の数も13・5％増加していた。

だが2020年にドイツで拡大したテレワークでは、大半の企業が労働時間については自己申告制を取っており、ITシステムなどを使った厳密な記録を行っていなかった。つまり**ハイル大臣は、テレワークの普及によって水面下で労働時間が長くなり働く者の健康を害することに危惧を抱き、テレワーク社員の労働時間を完全に把握することを義務化しようとしたのだ。**

経営側はテレワーク法制化に強く反発

しかし、連邦首相府や連邦経済エネルギー省、保守政党ＣＤＵ・ＣＳＵは、ハイル大臣の構想には当初冷淡な態度を示した。経済界も、特にハイル大臣のテレワーク権と24日の最低日数に関する構想については、真っ向から反対した。ドイツ使用者連盟（ＢＤＡ）のシュテフェン・カンペーター会長は、テレワークの義務化を「不必要で、役に立たない」とこき下ろした。カンペーター氏は、「すでに多くの企業が自主的に社員に対して自宅で働くことを許可している。したがって、政府がわざわざ法律でテレワークの日数を法制化する必要は全くない」と批判した。彼は「たとえば連邦議会では、議員たちは本会議場で間隔を置いて席に座り、審議を行っている。つまり感染防止のための手立てを取りながら、職場で働くことは可能なのだ」と主張した。

日本経団連に相当するドイツ産業連盟（ＢＤＩ）のジークフリート・ルスヴルム会長も「テレワークを行うかどうかは、個々の企業が現場で決めることだ。我々は企業経営者に対し、可能な限りテレワークを行うように要請しており、実際に多くの企業が社員を自宅で働かせている。どの業務についてテレワークが可能であるかは、現場の人々が一番良く知っている。たとえば自宅から溶接作業を行うことは、不可能だ」と述べた。つまり経済界は、政府に対して法律で縛りをかけるのではなく、個々の企業にテレワークについての判断を任せるべきだと主張しているのだ。

ニーダーザクセン州企業経営者連盟のフォルカー・ミュラー理事長も、「手工業者、製造業界、小売店ではテレワークはできない。そう考えると、テレワークを法律によって全ての企業に押しつけようとすることは、馬鹿げている。テレワークの実施は、あくまでも任意に行うべきであり、各企業が個々に決めれば良い」と述べている。ハイル大臣が24日間のテレワーク最低日数に関する規定を削除するなど、法案の内容を弱めたのも、保守政党や経済界からの反対が強かったからだ。

テレワーク権の法制化を要求する労働組合

一方労働組合は、テレワーク権の法制化を要求した。労組関係者はハイル大臣が保守党や経済界の反対にあって、最初の構想を早々に弱めたことについて、深い失望感を表した。

ドイツ労働総同盟（ＤＧＢ）のライナー・ホフマン委員長は、２０２０年12月上旬に「テレワーク権を含まない法案は、在宅勤務に関する労働者の選択の自由や、安全確保を保障しない。この法案を大幅に修正する必要がある」と主張した。つまりハイル大臣の法案は、財界側に大きく譲歩したものであり、労働者にとっては不十分だと指摘しているのだ。

彼は「新しい法案は、労働者がテレワークについての希望を経営者と協議する権利を法制化しようとしている。だがそれだけでは、労働者がテレワークについて自主的に決める権利を得られない。ドイツ企業では労使間の共同決定の原則があるが、テレワークについては、この原則が制限されることになる」と述べ、現在の法案は不十分であるという態度を明らかにした。

ホフマン委員長は、「テレワークを行う社員の労働条件や労働環境を整えるためにも、このテーマに関する事業所評議会（企業内の組合）の権利を強める必要がある」と訴えた。

さらに同氏は「現在ドイツのほとんどの企業は、テレワーク中の社員の労働時間を記録していない。毎年ドイツの労働者は、長時間にわたりただ働きをさせられている。これは企業が労働者から賃金を盗んでいることを意味する。デジタル化時代の働き方についての法的枠組みを作らなければ、『賃金盗難』はさらにひどくなる。したがって労働者のテレワーク権を法制化することは、パンデミック終息後の最も重要な課題の1つだ。デジタル化のチャンスを生かすためには、テレワーク権の確立を無視することは許されない」と訴えた。

2020年3月にドイツで多くの企業が一斉にテレワークを導入した時、経営側が一方的にテレワークの範囲を決定し、事業所評議会が追認するというケースが多かった。ホフマン委員長が恐れているのは、将来上司が「社員Aは自律性が強いので、テレワークを認めるが、社員Bはさぼる癖があるので、テレワークを認めるのはやめよう」と一方的に判断することだ。

逆に、上司が「社員Bは、私の指示をすんなりと受け入れないので、オフィスではなくなるべく自宅で働いてもらおう」と考えて、特定の社員にテレワークをさせる可能性もある。つまり、会社の都合でテレワークをめぐって社員に対する「差別」が行われる危険がある。DGBは、そのような差別を許さないために、テレワークに関する共同決定権を事業所評議会に認めるべきだと主張しているのだ。組合側に共同決定権が与えられれば、会社がテレワークについて一方的に決定することはできなくなる。

働く個人を「経費節減のためのテレワーク」から守る

サービス業の産業別労働組合ヴェルディのフランク・ヴェルネケ委員長は、「銀行やコンサルティング企業では、経営者が経費を削減するために、テレワークを行う社員を増やそうとする傾向が見られる。こうした傾向に歯止めをかけ、労働者を恣意的なテレワークの強制から守るために、テレワークに関する何らかの法律が必要だ。ＳＰＤとＣＤＵ・ＣＳＵは、早急にテレワーク法について合意してほしい」と訴えている。

確かに将来業績が悪化してリストラの必要に迫られた企業が、オフィスにかかる経費などを大幅に減らすためにオフィスを縮小して大半の社員を自宅で働かせようとする可能性もある。労組側は、テレワークがリストラの一手段として使われる事態を防ごうとしているのだ。

テレワークが一部の労働者にとって負担を増やしていることも否定できない。ＤＧＢニーダーザクセン州支部のメアダド・パヤンデー支部長は、「パンデミックに歯止めをかけるためには、経営者は可能な限り労働者にテレワークを行わせるべきだ。しかし自宅で会社のための仕事をしながら、子どもの勉強も見るのは、労働者の負担を増加させる。このため、社員に過重な負担がかからないような配慮も行うべきだ。テレワークを口実に、労働条件が悪化するのを許してはならない」と語る。

確かに、2020年の春や2021年の冬には、ドイツの子どもたちはロックダウンのために学校へ行くことができず、「ホーム・スクーリング」を余儀なくされた。子どもたちは、州の教育省が開設した自習用ウェブサイトになかなか接続できないと、親に手伝ってもらわなくてはならない。ある会社員は、ラテン語が不得意な子どもに、自宅でラテン語を教えていた。子どものいるビジネスマンの中には、会社の仕事をしながら、自宅で先生の代役も務めなくてはならなかったために、「本当に大変だった」と述懐する人もいた。

もう1つの問題点は、テレワークを行う社員が一方的に負担させられている費用だ。ドイツで在宅勤務を行っている社員の大半はモバイル・ワーキングであり、ノートブック型PCを除けば、IT関連機器は自己負担だ。たとえばドイツの大企業で働くNさんが会社のための仕事で使うモニター、プリンター、無線LAN用のルーター、机、椅子、文房具、照明器具などは全て私物である。PCやルーターのための電気料金も個人で負担している。Nさんの2020年の電力使用量は、テレワークのために前年に比べて約35%も増え、電気代も約17%増えて877ユーロ（11万500円）になってしまった。

自宅で働く日には企業が補助している社員食堂も使えないので、昼食代は自己負担だ。つまり企業は社員にテレワークを行わせることによって経費を節約しているわけだが、Nさんは企業から全く補助をもらっていない。可能なのは、所得税申告の際に、テレワークにかかった費用を「経費」として税務署に申告して、課税対象額を低くすることくらいだ。Nさんは、「会社側は、こうした費用をカバーするための補助金を社員に払うべきだ」と考えている。

テレワーク法制化が総選挙の争点の1つに

ここで注目するべき点は、**リベラルな環境政党・緑の党が今ドイツの政界で重要な役割を果たしており、2021年の総選挙後に連立政権に加わる可能性もある**ということだ。

ドイツでは日米よりも地球温暖化や気候変動についての市民の関心が強い。このため同党への支持率は、2021年1月の時点において21%で、CDU・CSU（35%）に次いで2番目に高い。緑の党とCDU・CSUの支持率を合計すると、50%を超える。202

緑の党の支持率は第2位

政党支持率調査(2021年1月7日実施)

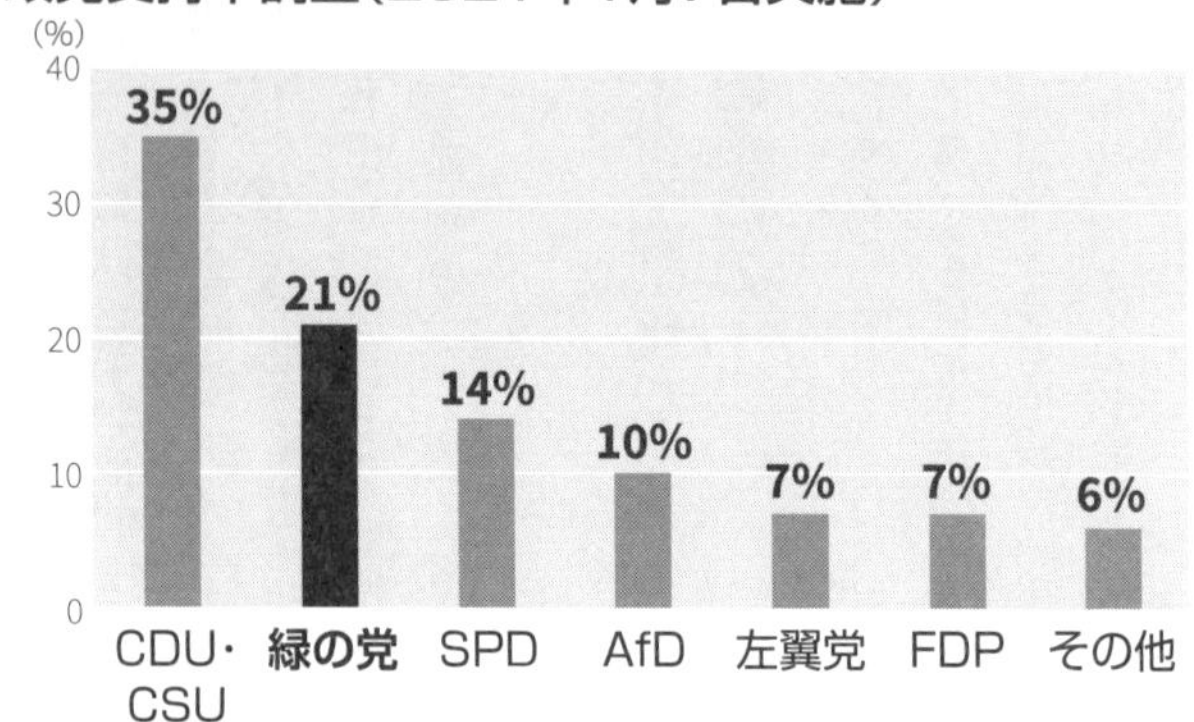

資料=インフラテスト・ディマップ

1年9月に行われる連邦議会選挙(総選挙)後に、CDU・CSUと緑の党が初の連立政権を樹立する可能性もある。

日本では緑の党という名前を聞くと、過激な環境保護主義者の集まりを想像する人が多い。だが**1980年に創立された同党は、もはや泡沫政党でも過激政党でもない。今では中堅政党として押しも押されもせぬ存在になっている。**2人の共同代表を始めとして、党の執行部を占めているのは、穏健な実務派の政治家だ。執行部は、左派急進勢力をうまく抑えている。緑の党は16の州政府の内、11州で連立政権に加わっており、政権運営能力も身につけている。たとえば製造業の中心地の1つバーデン・ヴュルテンベルク州のヴィンフリート・クレッチュマン首相は緑の党の党員だが、住民の間で人気が高く、すでに10年間にわたって州首相の座にある。

政党支持率が第2位の緑の党は、SPDと並んでテレワーク法制化を最も強く求めている党の1つだ。同党が、連邦議会選挙へ向けた選挙戦で、テレワークの権利を争点の1つにすることは確実だ。

緑の党が連邦議会選挙で勝って連立政権に参加した場合、テレワーク権の法制化を実現させる可能性が強い。その場合、法制化について消極的なCDU・CSUとの間で、激しい論戦が繰り広げられるだろう。日本では、「テレワークを通じて働き方を変えよう」という動きは見られず、各党がテレワークをめぐって活発に議論することは想像もできない。これに対しドイツでテレワークが総選挙の争点になるということ自体、働き方の柔軟化がドイツ人たちにとっていかに重要なテーマになっているかをはっきり示している。

保守政党が対案を公表

テレワークは大半の労働者が関心を持っているテーマなので、保守政党CDU・CSU

も選挙戦の中で無視することはできない。このため連邦議会のＣＤＵ・ＣＳＵ会派の「未来の労働に関する作業部会」は、２０２０年秋にＳＰＤや緑の党の提案とは異なる対案を公表した。

ＣＤＵ・ＣＳＵの対案には、「テレワークを行う権利」や「24日間の最低日数」は含まれていない。**同会派は、テレワークを拡大するのではなく、質を充実させることを目指している。**

たとえばＣＤＵ・ＣＳＵは「社員の労働時間の内テレワークの時間の比率が80％を超える場合には、企業は会社の外に社員が時々集まって雑談などをできる『集会所』を設置することを義務付けるべきだ」としている。その理由は、テレワークを行っている社員の中に、「在宅勤務をしていると、オフィスと違って気軽に同僚たちと話し合うことができず、孤独を感じる」という不満を抱く人がいるからだ。

さらに連邦政府や地方自治体は、都市から離れた地域で暮らす社員のために、ブロードバンドのインターネットに接続できる共同のオフィススペースを設置するとともに、その場所に託児所や高齢者介護施設も併設する。ドイツの田園地帯では、インターネットの接続状況が都市に比べて悪い地域があるからだ。

またＣＤＵ・ＣＳＵは対案の中で、テレワークに関する税制上の優遇措置も提案した。ドイツ政府は２０２０年から、テレワークにかかった費用を部分的に課税対象額から差し引ける制度を導入している。しかしその金額は、１日あたり５ユーロ（６３０円）で、最高１２０日までしか適用できない。つまり納税者は、１年に６００ユーロ（７万５６００円）しか経費として課税対象額から控除させることができない。ドイツの会社員たちからは、「これでは不十分だ」という声が上がっている。

そこでＣＤＵ・ＣＳＵは、「企業はテレワークを行う社員に対して、ＩＴ機器や無線ＬＡＮ、光熱費などテレワークにかかる費用を支払うべきだ。そして社員が企業からテレワーク関連費用の支払いを受けても、その額について所得税を支払わなくても良いように、所得税法を改正するべきだ。企業が無線ＬＡＮ関連の費用を負担しても、社員はインターネットを個人の目的に使うことを許すべきだ」と主張している。

ＣＤＵ・ＣＳＵの対案には、ハイル大臣の法案と重なる部分もある。たとえば公的労災保険制度を改革して、テレワークを行っている社員が子どもの学校や託児所への送り迎えをする時に起きた事故も、労災としてカバーさせる。さらに、企業に対しては、社員が自宅で働いている時にも、オフィスで働いている時と同じように、過重労働や事故、職業病などを防ぐ枠組みを作ることを義務付ける。

国の強制力で「出社要求勢力」を圧倒

メルケル政権がテレワーク政令を発布した理由は、ドイツの職場には、少数派ながら「テレワーク抵抗勢力」が残っていたからだ。特に人数が少ない会社などでは、60歳以上の経営者の間には、「仕事は職場で行うべきだ。テレワークは本当の仕事とは言えない」と考える人が多かった。彼らは社員たちのテレワークへの希望をなかなか認めなかった。

たとえばミュンヘンのある公益団体で働くCさんは、自宅でも可能なPCによる事務作業を行っていた。職場では、狭いスペースに2人の同僚と一緒に座らされていた。

彼女は2020年3月に1週間だけテレワークを許されたが、その後は原則として出社を求められた。感染リスクという観点から見ると、狭いオフィスに3人が一日中座っているのは不安だ。また通勤のために地下鉄やバスに乗るのも、心配である。

このためCさんは、上司に「テレワークを行ってもいいでしょうか」と尋ねた。すると上司は、「無理にうちで働いてもらわなくてもいいんだよ」とか「今失業すると、不況のためになかなか新しい職場は見つからないだろうなあ」と言った。これは、「テレワークにこだわるならば、解雇する」という遠回しの脅しである。このためＣさんは、他の同僚と交代でテレワークを行うようにしている。つまり、労働組合の影響力が強い大企業とは対照的に、小規模な企業や団体では、技術的にはテレワークが可能なのに、上司が許可を与えないケースが見られるのだ。ハイル大臣の政令は、Ｃさんが経験したようなケースをなくし、市民が安心して働けるようにすることを目指している。

在宅強化で国民の健康を守る

２０２０年秋以降のコロナ・パンデミック第2波では、同年3〜4月の第1波に比べて、ドイツでテレワークを行う人の比率が少なかったことを示唆するデータもある。

ボンにある労働経済学研究所（ＩＺＡ）のハンス・マルティン・フォン・ガウデッカー研究員らは、２０２１年1月に発表した研究報告書の中で、「２０２０年3〜4月のロックダウンでは、ドイツの就業者の25〜35％が労働の大部分もしくは１００％を自宅で行っていた。しかし同年11月には、この比率が約14％に下がっていた」と指摘する。第1波の時に比べて、経営者の不安が弱まり社員に出社を促していた可能性がある。

そしてフォン・ガウデッカー研究員は、「２０２１年1月の、仕事の大部分をテレワークで行う就業者の比率を25％と仮定する。我々のシミュレーションによると、テレワーク比率を35％に引き上げると、２月末には1日の新規感染者の数は約27％減るだろう」と推測している。つまりＩＺＡの研究者たちは、新規感染者の数を押し下げるには、テレワークを行う社員の比率を大幅に引き上げる必要があると主張しているのだ。

経済界はメルケル政権の「テレワーク政令」に強い拒否反応を示した。ドイツ使用者連盟（ＢＤＡ）は、「政府はテレワーク・ビューロクラシー（官僚主義）を、民間経済に押しつけようとしている。ハイル大臣はパンデミックを総選挙での票稼ぎに利用しようとしているのではないか」と厳しく批判している。

この政令は期限が約1ヶ月半に限られた、一時的措置だった。しかし政府が企業に対し、技術的・業務的に可能な限りテレワークを許可するよう、初めて義務付けたことの意味は大きい。この経験は、将来ドイツがテレワークを法律の中に組み込む作業にとって、一種の前例となるだろう。

経済活動にも政府による秩序を重視する「社会的市場経済」

読者の中には「なぜドイツ人は、テレワークの法制化にこれほどこだわるのか」と不思議に思う人もいるだろう。その背景には、国民性もある。**ドイツ人は法律、規則や枠組みを好む民族だ。全てを企業の自由裁量に任せることには、慎重である。**

この背景には、第二次世界大戦後のドイツで最も重視されている「社会的市場経済」の原則がある。これは、ドイツの経済学者アルフレート・ミュラー＝アルマックが１９４６年の著書の中で最初に提唱したもの。さらに１９６３〜１９６６年まで首相を務めたＣＤＵのルートヴィヒ・エアハルトが当時の西ドイツで経済政策の根幹とした。

米国や英国の資本主義は、自由放任主義や自由競争、市場原理を重視し、「小さな政府」を目指す。これとは対照的に、ドイツでは政府が法律や制度によってまず枠組みを作り、企業はその枠組みの中で競争する。競争に敗れた企業や市民には、政府が社会保障制度などによって、救済の手を差し伸べる。西ドイツの首都がライン河畔のボンにあったことから、この経済原則は「ライン型資本主義」とも呼ばれる。

この原則は、今でもドイツの政界、経済界、学界だけでなく市民の間でも深く信頼されている。つまりドイツ人は、国が枠組みを決めないまま、企業など社会の成員が勝手に活動する状態に不信感を抱く傾向がある。「秩序」を愛する民族なのだ。こう考えると、2020年春のコロナ禍勃発のために突然普及し始めたテレワークについても、政府や議会が何らかの法的枠組みを設けることは、確実だ。

第4章

経済的な豊かさよりもオフタイムを大切にするドイツ人

――お金の奴隷にならない生き方

1日10時間以上の労働は禁止

ドイツでは、コロナ禍のためにテレワークが爆発的に普及する前から、日本よりもワークライフバランスが重視されていた。私がドイツで31年間働いた経験から直観的に言うと、**平均的な日本人が仕事7割・家庭3割とすると、平均的ドイツ人は仕事5割・家庭5割**である。

これを可能にした最大の要因は、市民の権利を守る法律と、労働組合の影響力の強さだ。この国では、企業の都合だけではなく、社員の個人的な都合を守る仕組みが、日本よりもきちんと整備されている。起きている時間の大半を会社のためだけに費やすのではなく、自分や家族のためにも使うことが、労働者の権利として認められている。大半の経営者は、社員のワークライフバランスを尊重することが、「会社のために頑張るぞ」というやる気を増進させるので、結局は企業のためになると考えている。

たとえば前章でお伝えしたように、ドイツの会社では1日10時間を超えて働くことは、法律で禁止されている。特に大企業では、繁忙期でも上司が部下に対し、「労働時間が10

時間を超えないように」と口を酸っぱくして注意する。労働時間が長くなると、PCの画面に「もうすぐあなたの今日の労働時間が10時間を超えます。早く退社して下さい！」という警告が現れる会社もある。

仮にある企業が監督官庁から「社員に1日あたり10時間を超える労働をさせていた」と摘発されて、罰金を科されるとしよう。企業の中には、長時間労働をさせていた課の管理職に対し、ポケットマネーから罰金を払わせる社もある。企業の名前が「ブラック企業」としてメディアに伝えられると、優秀な人材が集まらなくなる可能性がある。

したがって**長時間労働を部下に行わせていた管理職は、社内での評価がガタ落ちになり、昇進が難しくなる。**監督官庁は時折企業に対し労働時間の抜き打ち検査を行っており、建設会社、病院、IT関連企業などが労働時間法違反で摘発されている。このため管理職の間でも、社員の間でも、「10時間を超えて働いてはならない」という決まりが、常識として骨身にしみている。顧客もやはり労働時間法で縛られているので、取引先に対して、1日あたり10時間を超えて働かなくては実現できないような要求はしない。企業は、法律を破ってまで収益を増やそうとは考えないので、そのような注文を受けても、「リソースが足りませんので、できません」と断る。

ドイツは世界で最も「労働時間が短い国」の1つ

労働者1人あたりの2019年の労働時間

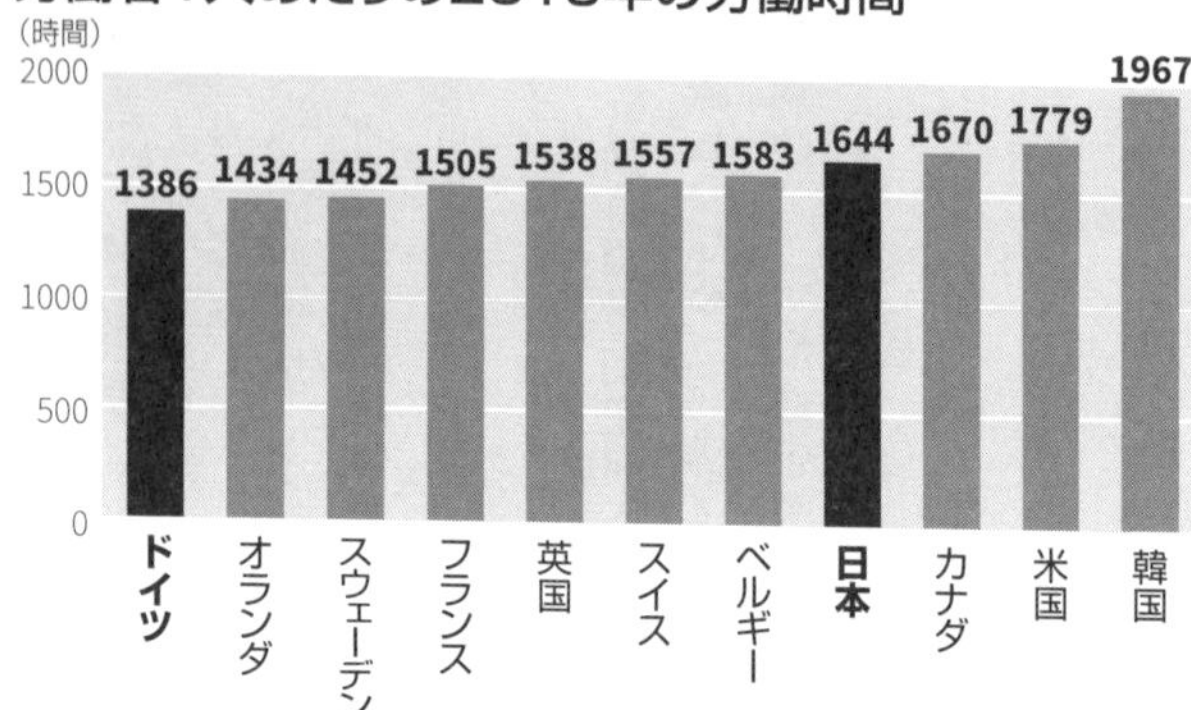

資料＝OECD（2021年1月23日ダウンロード）

ドイツ人は、仕事によって得られる収益と、そのために投じる労力と時間を常に天秤にかけている。効率性を重視しているからだ。労力と時間に比べて収益が少ないことが明らかな場合には、初めからその仕事を行わない。日本企業のように、社員に無理をさせてまで顧客の要求に応えようとはしない。これが長時間労働を避けるためのコツだ。

ドイツは世界で労働時間が最も短い国の1つだ。経済協力開発機構（OECD）によると、ドイツの労働者の2019年の労働時間は約1386時間で、OECD加盟国中ノルウェー、デンマークに次いで3番目に短かった。日本（1644時間）は調査の対象となった37ヶ国中16位に留まっている。ドイツ人が1年に働く時間は、日本人に比べて２５８時間も短い。

有給休暇100％消化でも屈指の経済大国

もう1つ我々日本人にとって驚きなのが、ドイツでは30日間の有給休暇を100％消化するのが常識であることだ。残業時間を1年あたり10日まで代休として消化することを許している会社も多い。しかも、1度に2～3週間まとめて休んでも全く問題はない。自分が休んでいる時に業務を代行してくれる同僚がおり、上司が許可すれば休暇はいつでも取れる。全ての社員が交代で毎年30日間休暇を取るので、妬み（ねた）もない。

特に大手企業では、30日間の有給休暇を全て取らないと、上司から注意されることもある。管理職は、有給休暇を残している部下が多いと、「なぜ部下をきちんと休ませないのか」と自分の上司や人事部、事業所評議会から詰問されるからだ。つまり上司のためにも、ドイツでは30日間の有給休暇を全部消化しなくてはならないのだ。**残業をあまり行わず、30日間の有給休暇を全て消化しながら、成果も出す。これがドイツの模範的社員である。**

有給休暇に週末や祝日も合わせると、ドイツ人は毎年約150日間休んでいるが、それでも会社は回っているし、この国は国内総生産（GDP）が米国、中国、日本に次ぐ第4位の経済大国である。

ドイツ社会には、「有給休暇を全部取るのは、労働者の当然の権利」という合意がある。顧客も、取引先に電話をした時に、「担当者は3週間の休暇のために連絡が取れません」と言われても、他の同僚がきちんと対応してくれれば、文句は言わない。顧客自身も、毎年30日間の有給休暇を取るので、休暇の大切さを理解しているからだ。管理職以外の社員には、休暇中に会社の業務に関するメールを読む義務はない。

日本人には馴染みがないサバティカルという長期休暇制度もある。ジーメンスやドイツ銀行など一部の大手企業が導入した。サバティカルとは、もともと大学教授などが本を書いたりまとまった研究をしたりするために長期休暇を取ることだが、最近では企業や官庁でも行われている。

たとえばある会社員は、ある年の給料が25％削減されることを受け入れる代わりに、通常の30日の有給休暇に加えて、90日間の有給休暇を与えられた。つまり有給休暇が120日に増えたのである。また、無給で7ヶ月ものサバティカルを取って世界一周旅行をした会社員や、３ヶ月のサバティカルを取って、アフリカで英語を教えるボランティア活動を行った管理職社員もいる。

彼らは、サバティカルが終われば、元の職場に戻る権利を保障されている。会社は、サバティカルを行っている社員の代わりの社員を採用することを禁じられているので、その課は欠員を抱えたまま業務を続けなくてはならない。

育児休暇制度も、手厚い。ドイツの企業は法律によって、社員が希望した場合育児休暇を最高３年間まで与えなくてはならない。実際には３年間丸々取らずに、１年間育休を取った後、職場に復帰する人が多い。**育児休暇の期間は無給だが、政府が「両親支給金」という補助金を出す。**たとえば毎月の手取り給与が１０００～１２００ユーロ（12万６０００～15万１２００円）の人は、両親支給金として、手取り額の67％を国から支給される。

サバティカルと同様に、企業は育休を取っている社員のポストを空けておかなくてはならない。パンデミックが起きる前、ある大手企業で営業を担当していたドイツ人男性は、３ヶ月育児休暇を取った。その期間は他の同僚が業務をカバーした。その間、業務に支障は全く出なかった。日本では考えられないほど、社員の都合に配慮した制度である。将来テレワークが普及すれば、仕事と育児を両立させることは、以前に比べてさらに容易になるだろう。

病休でも6週間、給料が100%払われる

旅行会社エクスペディアの調査によると、2019年のドイツ人の有給休暇の取得率はスペインやブラジル、シンガポールと並んで100%。30日の有給休暇を完全に取っている。これに対し日本の有給休暇消化率は50%で、調査の対象となった19ヶ国の中で、4年連続で最も低かった。消化された休暇の日数も10日間で、ドイツの3分の1である。

日本の会社員と話をすると、「紙の上では有給休暇は14日間取れるが、実際に休むのは1週間で、残りは取っておく」という人が多い。日本の大半の企業では、病気や怪我などのために傷病休暇を取ると、無給になる。このため、病気になったり怪我をしたりした時には、ためておいた有給休暇を消化するというのが、日本では「模範的社員」の態度と見られている。

これに対し、**ドイツでは社員が病気や怪我で会社を休む場合にも、企業は最高6週間まで給料を100%払わなくてはならない。**6週間を超えたら、健康保険から日額が支払わ

ドイツの有給休暇取得率は日本の2倍

国名	有給休暇取得率
ドイツ	**100%（30／30）**
スペイン	100%（30／30）
ブラジル	100%（30／30）
シンガポール	100%（14／14）
フランス	93.3%（28／30）
カナダ	93.3%（14／15）
香港	93.3%（14／15）
台湾	93%（13／14）
英国	89.3%（25／28）
タイ	83.3%（10／12）
イタリア	75%（21／28）
ニュージーランド	75%（15／20）
韓国	75%（15／20）
インド	71.4%（20／28）
米国	71.4%（10／14）
メキシコ	71%（10／14）
オーストラリア	70%（14／20）
マレーシア	70%（14／20）
日本	**50%（10／20）**

※カッコ内は実際の有給休暇取得日数と与えられている有給休暇の日数。
資料＝エクスペディア

れる。このため、**ドイツではたとえば風邪気味で体調が悪いために会社を休む時に、有給休暇を消化することは考えられない。**

この国では、有給休暇とは健康な時に取るべきものと考えられており、病休と混同することは許されない。ドイツ人が安心して30日間の有給休暇を完全に消化できるのは、こうした制度があるためである。私は日本でも、社員が病気や怪我をした時に、企業が一定の期間については100%給料を支払うように政府が法律で義務付けるべきだと考えている。この改革なしには、日本の有給休暇消化率は、いつまでも上昇しない。日本のGDPは世界第3位。GDPでドイツ（第4位）を上回っているにもかかわらず、会社員が病気で休む時に給料が出ないので有給休暇を消化させられるのでは、「経済大国」の名が泣くのではないか。

時短によって、労働生産性は日本の1・5倍

私は、ドイツに駐在している日本人の企業マンが「ドイツ人はあんなに長く休暇を取り、労働時間も短いのに、経済は回っている。本当に不思議だ」と言うのを聞いたことがある。

ドイツの1時間あたりの労働生産性は日本を41%上回る

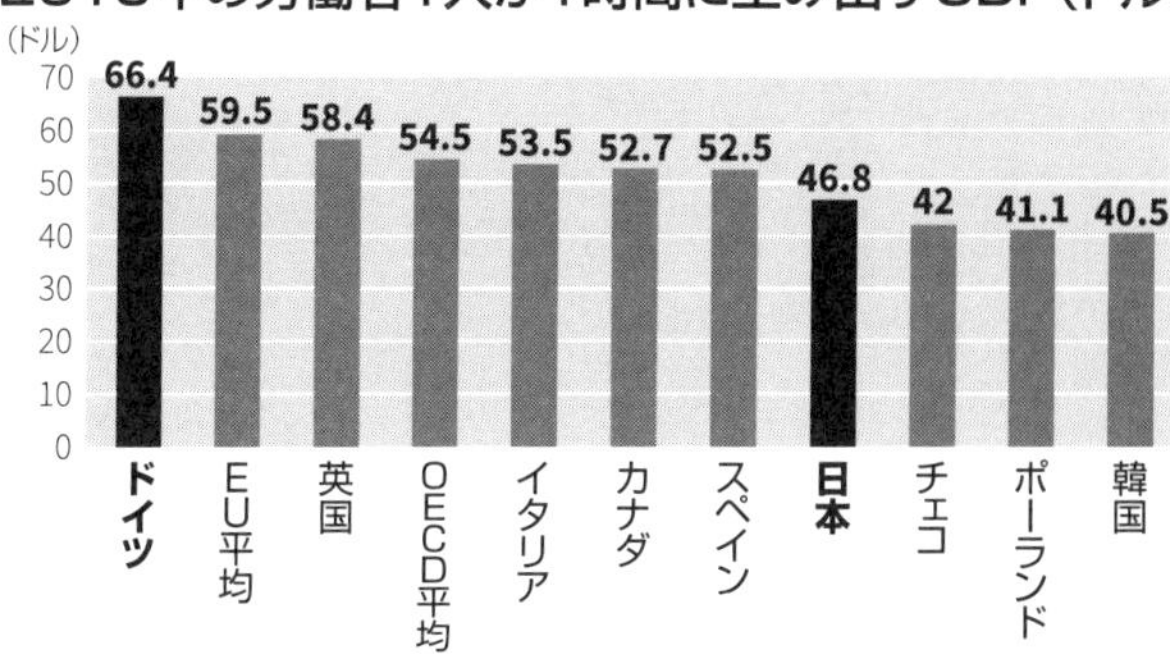

資料＝OECD（2021年1月23日ダウンロード）

ドイツ人は、短時間に集中して働くのが好きだ。昼休みも最小限にして、早めに帰宅する。

労働時間が短いために、ドイツの１時間あたりの労働生産性は日本を大きく上回っている。ＯＥＣＤの統計によると、２０１９年にドイツの労働者１人が１時間あたりに生み出したＧＤＰは、66・４ドルで、日本（46・８ドル）を41・９％上回っている。調査の対象となった37ヶ国の中でドイツは第12位、日本は第20位である。最大の理由は、日本の労働時間がドイツよりも長いからだ。

もちろん日本の製造業界、特に自動車業界の労働生産性は、ドイツよりも高い。だが日本ではサービス業の生産性がドイツよりも低い。このため製造業だけではなくあらゆる職種の労働生産性を比べると、日本はドイツに水をあけられているのだ。パンデミックのために多くの企業がテレワークを実施し、働き方が大きく変わった2020年に、この統計の中の順位がどのように変化するかが注目される。

高い給料より余暇を選ぶドイツ人

ドイツでは、コロナ禍が起きる前から労働時間が柔軟化する傾向があった。その理由は、2010年代に入って、労働者の間で「給料を上げるよりも自由時間を増やしてほしい」という声が強まっていたからだ。**今やこの国の経営者の間では、「自由時間が新しい通貨になった」という声が聞かれる。**

2018年には、労働時間の柔軟化を象徴する出来事があった。この年の労使交渉で、ドイツの労働組合は期間を限定した週4日労働を勝ち取った。

IGメタル（全金属産業別労組）は、自動車産業、機械製造業などの労働者220万人が加盟する、ドイツで最も影響力が強い産業別労働組合だ。ドイツ南西部のバーデン・ヴュルテンベルク州は、大手自動車メーカーなどが本社を持つ、物づくりの中心地である。このため同州では、毎年全国で最初に製造業界の労使交渉が行われる。バーデン・ヴュルテンベルク州での妥結内容はモデルケースとして、ドイツの他の地域での労使交渉でも適用される。したがって全国の労使関係者はこの州での交渉に注目する。

ＩＧメタルのバーデン・ヴュルテンベルク支部は、２０１８年２月６日に経営者団体との交渉で全面的な勝利を収めた。この妥結内容が斬新である理由は、ＩＧメタルがドイツで初めて、部分的に「週28時間制」の導入に成功したことだ。

介護や育児のために週労働時間を一時的に28時間に

製造業界の所定労働時間は週35時間（旧東ドイツは38時間）だが、**２０１９年からは、育児や介護などの事情を抱える労働者は、最高２年間まで、週の労働時間を28時間に減らすことが許されるようになった。**１日７時間働くとすると、これは週４日制を意味する。

所定労働時間の28時間への短縮を申請できるのは次の条件の内の１つを満たす労働者だ。

■企業での勤続年数が最低2年間で、8歳未満の子どもがいること。
■企業での勤続年数が最低2年間で、自宅で要介護度が1以上の家族の世話をしていること。
■企業での勤続年数が最低5年間で、少なくとも3年間にわたり工場での夜間シフト労働または3交代制のシフト労働を行っている労働者。
■企業での勤続年数が最低7年間で、少なくとも5年間にわたり変則的なシフト労働を行っている労働者。

IGメタルが2018年の労使交渉で週28時間制の部分的な導入をテーマとしたのは、組合員に対するアンケートから「育児や介護のために、一時的に労働時間を減らしたい」という要望が強まっていたからである。

今回の妥結内容で特に革新的なのは、一度減らした労働時間を元に戻すことを、組合側が経営側に認めさせたことである。

ドイツでは、これまでも社員が企業と個別に交渉することによって、子どもの養育や親の介護などを理由に、週の労働時間を所定労働時間よりも短くすることは可能だった。ドイツの社員の28％は、このような「パートタイム社員」として働いている。たとえばドイツ人会社員のＰさんは、親の介護のために２０１７年の夏に週休３日のパートタイム社員になった。だがこれまでは、労働時間を一度減らして「パートタイム社員」になると、労働時間を所定労働時間に戻すことが禁止されていた。

社員たちの家庭の事情は常に同じではなく、時とともに変化する。労働者たちの間では、子育てが終わったり、親の介護施設が見つかったりして家庭での忙しさが一段落した後も、元の労働時間に戻れないことについて、不満が強まっていた。パートタイム社員になると当然給料が減額されるからである。

生活事情に合わせて労働時間を変更できる

ＩＧメタルは２０１８年の労使交渉で、２年間が過ぎれば、一度28時間に減らした労働時間を35時間に戻す権利を勝ち取った。つまり、社員の生活事情に合わせて、企業に所定労働時間を変えさせることを可能にし、労働時間の柔軟性を高めたのである。

たとえば社員が、「子どもが生まれてから最初の２年間は、会社で働く時間を減らして、なるべく家で妻子の面倒を見たい」と考える場合や、「高齢の親が入る介護施設が見つかるまで、2年間にわたって自宅で親を介護したい」と考える場合には、週休3日制に切り替えられる。

2年間が過ぎれば、企業は労働時間を28時間から35時間に戻さなくてはならない。2年間は給与が一時的に減るが、労働時間を28時間から35時間に戻せば、給与も2年前の水準に戻る。パートタイム社員からフルタイム社員への復帰が可能になる。経営側は、「人生の様々な局面に合わせて、労働時間を可変的にするべきだ」という組合側の要求を呑(の)んだのである。

またIGメタルは、労働者が「自分は賃上げよりも、育児や高齢の親の介護のために、もっと自由時間が欲しい」と希望する場合には、月収の27・5%の一時金の代わりに有給休暇の日数を増やすこともできる制度も経営側に認めさせた。正に、自由時間が通貨になりつつあるわけだ。

当初、経営側は組合側の「週28時間労働」の要求に強く反発した。だがIGメタルが2018年1月下旬にドイツ南部の250ヶ所の企業で24時間ストライキを実施するなどして激しく戦ったため、経営側は圧力に屈して要求を受け入れた。ストライキにはダイムラー、ＢＭＷ、ボッシュ、ＭＡＮ、ＺＦなどの大手企業の組合員も参加した。**日本同様に貿易に依存する物づくり大国でありながら、ドイツの組合の力が強大であることには、驚かされる。**近年の日本では大手企業などでストライキが行われることは滅多にないが、コロナ禍が起こる前のドイツでは、航空会社、郵便局、交通機関などのストライキは日常茶飯事だった。

お客様は王様、社員は王子様

世界各国の大手企業の間では、優秀な人材の獲得競争が起きている。特に２００８〜２００９年のリーマン・ショックによる不況が収まってから、コロナ禍が勃発するまで、ドイツ企業は恒常的な人手不足に悩んでいた。

このため企業は、優秀な人材を採用するために、労働条件を良くせざるを得なかった。たとえば、ドイツ鉄道（ＤＢ）では、鉄道労組との交渉の結果、社員が賃上げか６日間の休暇日数増加のどちらかを選べる制度を導入した。その結果、社員の56％が賃上げではなく、自由時間を増やすことを選んだ。若い社員ほど、休暇日数の増加を希望する傾向が見られた。

同社で労務担当取締役だったウルリヒ・ヴェーバー氏は、**「顧客は王様だが、社員は少なくとも王子様だ」と述べている。客だけではなく社員も大事だという意味だ。**ＤＢでは社員の高齢化が進んでいるために２０２０年から10年間に10万人の社員を採用しなくてはならない。そのために企業側は社員の家庭の事情に合わせて労働時間を柔軟化させるなどの対策を迫られているのだ。

ドイツ人に学ぶお金の奴隷にならない生き方

前述のように、１９９０年代末までのドイツでは、社員に対し午前9時から午後3時までオフィスにいることを義務付ける会社が多かった。タイムカードで出社時刻が午前9時を1分でも過ぎると、「遅刻」として上司に報告された。

だが**今では大半の企業が労働時間口座（タイムアカウント）に基づくフレックスタイムを導入している。**この制度では、労働時間口座の収支残高が、期末に大幅なマイナスになっていなければ、出社、退社の時間は自由だ。

たとえば金融サービス業界では所定労働時間が週39時間なので、週休2日制の会社では1日の労働時間は7・8時間となる。1日に7・8時間を超えて働くと、残業時間が発生し、労働時間口座にプラスのポイントが蓄積される。1日に7・8時間より短く働くと、労働時間負債が発生して、労働時間口座にたまった残業時間から差し引かれる。

たとえばある企業では半年ごとに、労働時間の収支残高を点検する。6ヶ月間の累計残業時間が100時間に達すると、上司から注意を受ける。社員は代休を取って、たまった残業時間を減らすよう求められる。逆に労働時間口座のマイナスが20時間を超えると減給処分となり、40時間を超えることは許されない。フレックスタイムは、働く者に自分の労働時間の管理や自律性を求める。

社員にとっては、労働時間口座の収支残高がプラスである限り、出社・退社時間を自由に決められるという利点がある。たとえば、あるドイツ人は朝型なので、毎朝7時に出社し、午後3時に退勤している。上司は全く文句を言わない。

ドイツ人たちはパンデミックが起きる前から、お金の奴隷にならず、個人の時間や家族との時間を確保するライフスタイルを実現しようとしてきた。この状況は一朝一夕に生まれたものではなく、第二次世界大戦後の西ドイツで、労働組合が経営側と粘り強く長年にわたって交渉を重ね、労働者の利益を代表するSPDの要求によって実現したものだ。
21世紀に入って、一部のドイツ企業が、テレワークの部分的な導入について事業所評議会と合意書を取り交わしていたのも、こうした労働時間の柔軟化の流れの一環だった。2020年3月に起きたコロナ・パンデミックは、一部の経営者の頭の中に残っていた「仕事はオフィスに出勤して行うもの」という古い観念を破壊し、在宅勤務を普及させたのである。

「入念な擦り合わせ」の伝統もテレワーク普及には逆風？

日本では今のところ、ドイツほど広くテレワークが普及していない。一部の大企業を除けば、テレワークを勤務形態の一部として定着させようとする動きは見られない。テレワーク法制化についての議論も始まっていない。

最大の理由は、日本が組織の調和を重んじる集団社会であるため、多くの企業では綿密な擦り合わせ、打ち合わせを重視する気風が根強く残っているからだ。製品やサービスの質を高めるためには、頻繁な情報共有が不可欠だと考える人が多い。したがって、出社して対面式の打ち合わせを行うべきだという経営者・管理者が圧倒的に多いのだ。

「お客様の都合を最優先に考える」という日本的ビジネスの良き伝統や、「手厚いおもてなしや、かゆい所に手が届くようなきめ細かい心遣いや配慮によって、将来もお仕事を頂く」という精神、「密なチームワークを重んじる社風」も、テレワーク普及にはブレーキとなる。

これに対し個人主義社会ドイツは、日本人ほど擦り合わせや頻繁な打ち合わせを重視しない。むしろミーティングは最小限にして、労働時間を短くし、生産性や効率性を高めようとする傾向が強い。ドイツ企業では、社内コミュニケーションに物足りない点が多いが、その分労働時間が日本企業よりも短いという大きな利点がある。

〝次の危機〟に備えて、新しいワークスタイルへ転換を

我々日本人も、そろそろ働き方を変えて効率性を高めるべきではないだろうか。それは、ワークライフバランスを改善するためだけではない。人類は将来もコロナ・パンデミックのような、ほとんどの人が予想していなかった事態に直面する可能性があるからだ。

科学者たちは、「パンデミックは、今回が最後ではない」と警告している。彼らは、「21世紀に入ってからパンデミックや、地域的な疫病の発生頻度が増えている。その理由の1つは、人類による自然環境の破壊だ。これまで起きたパンデミックの大半は、動物の体内にあった病原体が人間に感染して発生した。自然破壊によって、人間が住む環境と、動物の生息地域が接近するので、動物の体内にあった病原体が人間にうつりやすくなる。気候変動によって、動物が食物を摂れなくなり、人間の住んでいる地域に近づいてくることも、ウイルスの動物から人間への伝播を促進する」と主張する。パンデミックの原因の1つは、「自然界と人間界の接近」なのだ。

したがって**自然破壊や気候変動が進むにつれ、別の病原体による第2、第3のパンデミックが起きる可能性がある。**

幸い日本ではコロナ・パンデミックによる累積死者数が欧米に比べると大幅に少ない。本稿を執筆している2021年1月の時点では、日本の累積死者数はドイツの約10分の1である。このため欧米で行われたような、飲食店・商店の営業禁止や夜間外出禁止を含む厳しいロックダウンは、今のところ日本では一度も行われていない。東アジアと欧米の間の死者数の大きな格差の理由は、今も解明されていない。だが将来別の病原体によるパンデミックが起きた時にも、今回と同様に、アジアでの被害が欧米に比べて少なくなるという保証はない。

その意味では、**日本経済も次のパンデミックに備えてデジタル化を急ぎ、「有事」には、多数の社員が、迅速にテレワークに移行できる態勢を整える必要がある**のではないだろうか。

そのためにはＩＴ環境を整備するだけでは不十分だ。まず経営者や管理者がテレワークの重要性と可能性をよく理解し、今よりも成果主義を強めること、そして顧客にもテレワークの重要性をわかってもらうことが重要である。

ドイツ人とは異なり、日本人は社会的活動を法律や政令で律せられることに慣れていない。したがって、ドイツのようなテレワーク政令の発布は難しいかもしれないが、少なくとも労使がテレワークの条件や内容に関する枠組みについて合意しておくことは重要だと思う。

第 5 章

人とつながり、幸せを分かち合う国・ドイツ

――人生にゆとりを生み出すヒント

個人の幸福と経済を両立させる「ハイブリッド型」ワークスタイル

現在ドイツで進んでいるテレワーク革命は、この国の働き方を、どのように変えるだろうか。

ドイツで行われた様々な世論調査によると、**労働者の7～8割は、「コロナ禍が終わった後も、テレワークを続けたい」と希望している。**通勤時間がゼロになることと、労働時間の柔軟化が最大の理由だ。彼らはワークライフバランスが、テレワークによって改善されると考えている。

また企業側もオフィスや出張にかかるコストを節約できるという利点を認めている。しかしこの国の大半の企業がテレワーク100％に移行することはないだろう。2020～2021年にかけて、多くの大手企業の幹部が、「我が社のオフィスが無人になることはない。技術革新や新しいアイデアを生むためには、社員が集まって意見を交換することが重要だ」という趣旨の発言を行っている。

むしろ**将来ドイツで主流になるのは、オフィスでの仕事を基本とし、週に2～3回テレ**

ワークを行うという「ハイブリッド（混合）型」の在宅勤務だろう。ただし育児や家族の介護、基礎疾患などの事情がある人には、１００％テレワークが許可される。インダストリー４・０が工場を無人化するためのプロジェクトではないのと同じように、テレワーク革命も、全ての社員を自宅で働かせ、オフィスを廃止することが目的ではない。

将来はドイツのオフィスも様変わりするだろう。これまでドイツの大半のオフィスでは、社員が座るデスクが決まっていた。日本の会社によく見られる大部屋ではなく、２～３人が１つのオフィスで仕事をするという形態が多い。だが将来テレワークが普及すると、座る席が決まっていない、大部屋のオープンスペースが主流になるだろう。ドイツの金融サービス業界の一部の企業は、すでにコロナ前からこの方式を実施していた。ミュンヘンのある大手金融サービス企業の支社では、支社長も含めて自分の席が決まっていない。この支社で席が決まっているのは、受付に座っている女性だけだ。

社員は出社日にはノートブック型ＰＣを持参し、空いている席に座って働く。そうすれば、会社側はオフィスに必要なスペースを大幅に縮小することができる。つまり将来は、オフィススペースが今ほどは必要でなくなる。**会社に９時から17時までいることではなく、「勤務時間中に何を生み出すか？　どんな成果を挙げるか？」の方が重要なのだ。**

テレワーク時代にもリアルのオフィスワークは残る

テレワークが勤務形態の一部として定着しても、企業は社員に対して週に何日かは出社することを求めるだろう。その理由の1つは、ドイツの管理職にとって、部下たちと時折顔を合わせて話をすることが重要だからだ。ドイツでも日本と同じように、取締役を始め、部長や課長などの管理職社員は、平社員よりもオフィスで働きたがる傾向がある。

だが社員の大半がテレワークを行っていると、もともと不十分なドイツの職場でのコミュニケーションがさらに疎遠になる。

また社員の間でも、「家だけで働いていると変化に乏しいので、たまには会社で他の同僚とお喋り（しゃべ）りをしたり、会社の状況について情報交換をしたりしたい」という声が聞かれる。特に独身の社員にとって、会社は重要な社交の場でもある。

だからこそドイツでの将来のテレワークは、オフィスと在宅勤務が入り交じった「ハイブリッド型」になるのだ。

ニューノーマルで、好きな場所、好きな時間に働ける社会に

ドイツでテレワークが定着するもう1つの理由は、我々がコロナと共存せざるを得なくなる可能性が高いということだ。夏になって気温・湿度が上がり、ウイルスが冬に比べて不活発になれば、新規感染者数や死亡者の数が減るかもしれない。しかし、それは新型コロナウイルスが消えたことを意味しない。秋冬には、再び感染者の数が増えるかもしれない。各国でワクチンの投与が始まっているが、仮に国民の70〜80％が予防接種を受けても、ウイルスに感染する人がゼロになるわけではない。ワクチンによる免疫効果が何ヶ月続くかも、まだわかっていない。インフルエンザウイルスと同じく、新型コロナウイルスの免疫効果も時間が経てば薄れる。さらにウイルス自体も変異していく。

学者の間には、「新型コロナウイルスは、ハシカやエイズ、インフルエンザなどのウイルスと同じく、決して撲滅されない。このため人類はワクチンの予防接種を定期的に受け、マスク着用や社会的距離によって感染リスクを抑えながら、ウイルスと共存する暮らしを続けざるを得ない」という見方もある。いわゆる「ニューノーマル」である。

国民の70～80％が予防接種を受けていわゆる「集団免疫」ができても、秋冬に気温・湿度が下がったりウイルスが変異したりした場合に、いつ再び重症者や死者数が激増するかわからない。将来も人類がコロナとの共存を余儀なくされた場合、パンデミックの再燃に備えるためにも、テレワークを勤務形態の一部として定着させることの重要性は、さらに高まる。

同調圧力でなく法で規制を

「ニューノーマル」の時代になっても、働いて付加価値を生むことや、同僚や友人とつながることを可能にするのがデジタル化である。ドイツでは、これまでデジタル化への関心が比較的薄かった中小の物づくり企業も、パンデミックの経験を通じて、デジタル化へ向けて舵を切り始めた。

我々はコロナ禍が峠を越えた時に、次の危機に備えて、業種によってはドイツに比べても遅れているデジタル化に拍車をかける必要がある。特に重要なのが、テレワークなどデジタル化された働き方を可能にするための、社会の枠組みや法律の整備、さらに経営者の意識の変革である。ＩＴインフラが整備されて、テレワークをできる態勢が整えられても、新規感染者数が急激に増えている時期に上司が部下に対して出社を求めるようでは、テレワークは普及しない。「上司の無言の圧力」が強い国では、最終的に企業の行動を律するのは、法律や政令、規則以外にない。

前述のようにドイツ政府は、感染拡大に歯止めをかけるために、２０２１年１月に業務の内容が許す限り、テレワークの許可を経営者に義務付ける政令を約１ヶ月半にわたり施行した。経済界は強く反発した。しかし企業は政令に違反すると事業所監督庁に摘発される他、メディアによって「ブラック企業」という烙印（らくいん）を押される可能性もあるので、しぶしぶ従わざるを得なかった。

ドイツに比べると、日本政府の対応は消極的だった。我が国の政府はテレワークに関する政令を出すのではなく、企業に対し強制力のない「お願い」をするに留まった。菅義偉総理大臣は、東京などで緊急事態宣言を発出する前日の２０２１年１月７日に、記者会見で次のように語っている。

「飲食店の時間短縮以外にも感染減少に効果的な対策を打ち出します。まずはテレワークです。出勤すれば、どうしても同僚の方々との食事だとか会話が増えます。そうした機会をできる限り減らし、出勤者数7割減を是非お願いいたします。昨年来定着しつつある新しい働き方をさらに進め、都会でも地方でも同じ働き方ができるように、テレワークを強力に推進したいと思います」

具体的な政令や規則を伴わない要請だけでは、ほとんどの企業の経営者たちはテレワーク社員の比率を70％まで引き上げないだろう。彼らは、収益目標やノルマの達成に追われ、他社との熾烈（しれつ）な競争にさらされているからだ。あくまで政府からの「お願い」なので、実行しなくても罰金の支払いを命じられることはない。緊急事態宣言の発出期間中にも、首都圏の朝の通勤電車が混雑していたのは、そのためだ。

経済成長よりも個人の幸せを優先させる国

日独間のこの違いは、どこから来るのか。**理由の1つは、ドイツ政府が経済成長率の維持よりも人命を優先していたのに対し、日本政府が経済活動の維持を最優先項目にしているからだ。** 2021年1月にB.1.1.7などの変異株の脅威が高まる中、メルケル政権は政令という強硬手段によって企業の経済活動がスローダウンしても、テレワークを行う市民の比率を増やし、感染爆発の危険を減らそうとした。「ＧＤＰよりも健康優先」という姿勢である。

これに対し菅政権は、政令のような強硬手段を取らず、テレワークの実施をあくまでも企業の自主判断に任せた。日本政府は、新規感染者数が増えている時期にすら、国内の観光旅行や外食を奨励することによって、企業の倒産件数や失業者数が増えるのを防ごうとした。

もちろん、コロナ禍による人的損害の違いを無視することはできない。２０２１年２月２日には、日本のコロナによる累計死者数は５９５２人で、ドイツ（５万７１２０人）の約10分の１。日本の累計感染者数は39万４９４７人で、ドイツ（２２２万１９７１人）の約６分の１だった。

私は、「日本の状況は大したことはない」と言っているわけではない。我が国でも多くの尊い人命が失われ、遺族を絶望のどん底に突き落とした。東京や大阪では、発熱や息苦しさなどの症状が出ているのに、入院したくても病院のベッドが不足しているために入院できないコロナ感染者が続出した。医師や看護師たちも、連日の激務のために疲労困憊（こんぱい）していた。

しかし統計を見ると、日本の感染者・死亡者の数が欧州諸国や米国に比べると大幅に低い水準にあることは事実だ。日本は、厳しいロックダウンを行わなかったにもかかわらず、感染者数や死亡者数が欧米よりも大幅に少ない、珍しい国の1つである。

ドイツがテレワーク政令を出し、経済活動にブレーキをかけざるを得なかった背景には、累計死者数が日本の10倍という厳しい現実がある。

ドイツのテレワーク革命に、日本人が学ぶべきこと

日本がドイツとは異なり、政令によるテレワークの「事実上の強制」にまで踏み切らないもう1つの理由は、両国間の台所事情の違いである。ドイツは2014〜2019年まで財政黒字を記録した。いわば無借金経営である。日米も属するG7（主要7ヶ国）の中で、2019年まで6年連続で財政黒字を記録した国は、ドイツ以外にない。

OECDによると、2019年のドイツ連邦政府、州政府などの累積公共債務残高は、GDPの69・4％。EU加盟国の中で、借金の重荷が最も小さい国の1つだ。

このためドイツ政府は、多額の財政出動を行う余裕がある。営業を禁止されたレストラ

ンの経営者や、工場の受注高が減ったりしたために自宅待機をさせられる労働者らに対する手厚い支援を行うことができる。

２０２０年はコロナ対策費のために歳出が激増し、大幅な財政赤字となった。しかし財務大臣らは、「１００年ぶりの緊急事態なのだから、とことん財政出動を行う」という姿勢だった。このような積極姿勢が可能になるのは、ドイツがこれまで借金を極力増やさないようにしてきたからだ。

ドイツは過去6年間にわたって健全な財政運営を行い、財政赤字を避けてきたので、一時的に国債市場で多額の借金をして企業や市民を支援する余裕がある。たとえば２０２０年11月には部分的ロックダウンの一環として飲食店の営業が全面的に禁止されたが、ドイツ政府は前年の11月の売上高の最高75％を補償するという「大盤振る舞い」を行った。

これに対し日本の財務省によると、我が国の２０１９年の累積公共債務残高の対ＧＤＰ比率は、２３７・７％で、先進国の中で最悪の水準だ。日本政府にとって、コロナ対策のために借金を増やし、巨額の財政出動を行う余裕はドイツほど大きくない。我が国の政府が企業や市民に対してドイツほど手厚い支援をできない理由の１つはそこにある。政府は新規感染者数が増えている時期にも、国内旅行や外食を奨励する政策により、国内消費を底支えする形で企業を支援した。いわんや、テレワーク政令によって、企業活動にブレーキをかけることなどもってのほかである。

ドイツ政府は60歳以上の市民や、基礎疾患を持つ市民全員にＦＦＰ２マスク３枚を配布した他、２ユーロ（２５２円）自己負担すれば薬局でＦＦＰ２マスクを６枚もらえるクーポン券を２枚送った。合計15枚である。低所得層にもＦＦＰ２マスクを配布した。

ＦＦＰ２マスクは、アベノマスクよりもフィルター機能が高い。コロナ病棟で働く医療従事者も使う、高性能のマスクである。ドイツでは、アベノマスクでは商店で買い物をできないし、地下鉄やバスにも乗れない。２つのマスクを並べてみると、日独政府の市民の安全・健康保護に対する考え方の違いが歴然とする。世界で第３位の経済大国・日本の政府は、何を守ろうとしていたのか。

「本当の豊かさ」を分かち合う社会へ

このように突き詰めていくと、「真の豊かさとは何か」という問いに対する答えが、日本とドイツでは違うのではないかという考えにたどり着く。**ドイツ人はコロナ禍が起こる**

前から、「賃上げよりも自由時間の方が重要だ」と考える人の比率が増えていた。新しい通貨は、自由時間だという考えが社会に浸透しつつあった。

私は日本で８年間、ドイツで31年間働いた結果、「ワークライフバランスを比べた場合、ドイツに軍配を上げざるを得ない」という結論に達した。ドイツ人たちは「最低限の暮らしを維持するために、もちろんお金は必要だが、お金の奴隷になるのは本末転倒だ」と考えている。長時間労働によって健康を害してまで、あるいは家族との関係を疎遠にしてまで、会社のための仕事をしようとは思っていない。**ドイツ人にとっては、まず「自分ありき」であって、「会社ありき」ではない。会社の仕事は重要だが、家族と長期間の余暇を楽しむことも、同じくらい大事だ。**

ドイツ人のベテラン外交官Ｊさんは、21世紀に入ってまもない頃、１年間にわたって無給のサバティカル休暇を取り、恋人と水入らずで暮らした。時間を取って、お互いのことをじっくり知るためである。この国では、結婚する前に共同生活をすることは常識だ。お互いの性格、嗜好、長所、短所を知るためである。

無給なので贅沢な暮らしはできないが、北海に面したオランダの村に滞在して、生活費を節約した。もともとドイツ人は洋服や食事にあまりお金をかけない。懐具合は普段より寂しくても、潮風に吹かれながら浜辺を散策したりサイクリングを楽しんだりして、雄大な自然を満喫した。ドイツ人にとっては、これが「豊かな生活」である。収入の多寡や、ブランド商品を持っているか否かではなく、時間を自分の目的のために使うことこそ、ドイツ人が最も重視する生き方である。1年くらい無給でも心配しない。恋人と過ごす365日の自由時間は、金銭で測れないほど貴重なものだからだ。

2人はこのサバティカル休暇の後に、結婚した。Jさんは、お金を稼いだり役所の中で昇進したりすることよりも、時間を自分のために使うことの方を重視した。Jさんはこの後外務省に復職したが、昇進の妨げにはならなかった。こういう話を聞くと、**「ドイツ社会は人間本位制を取っている」**という印象を持つ。役所や会社の都合だけではなく、個人の都合も尊重される。

「仕事が生き甲斐」の価値観から脱却するヒント

Jさんのような経験は、日本社会では到底無理であろう。我が国では、自由時間や休暇よりもまず「食い扶持を稼ぐこと」とか「自分の仕事を守ること」、「会社での地位を確保すること」が優先される。日本の勤め人社会には、「食い扶持を稼ぐためには、個人の生活、いわんや2週間の長期休暇を重視することなど不謹慎だ」と考えるような、禁欲的な気風がある。

２０２０年春のロックダウンで、テレワークを行うようになったドイツ人たちの中には、「時間が普段よりもゆっくり流れるようになった」とか、「人生の中で本当に大切なものが何であるかがわかった」と語る人々がいる。彼らはコロナ・パンデミックの嵐が社会で吹き荒れている時に、在宅勤務を行うことによって、生命の大切さ、そして家族と共に過ごす時間がいかに大事であるかを強く感じた。テレワークは、彼らに人生の意味をじっくりと考える時間を与えた。

これは、２０２０年春にドイツで急拡大したテレワークがもたらした、大きな意識改革である。**これからドイツ人たちは、たとえ毎日職場で同僚と顔を合わせなくても、自分のために使う時間を増やし、真の豊かさを分かち合う社会を作っていく。**「お金の奴隷にならない生き方」を模索する人々の数は、今後ますます増えていくに違いない。

あとがき

私がドイツで働き始めてから、今年で31年目になる。その間に、24冊の本を書いた。その中で日本とドイツの働き方の大きな違いに興味を抱き、このテーマについて3冊の新書を上梓（じょうし）した他、日本企業や経済団体に請われて10回以上講演を行った。

ドイツでは21世紀に入って労働時間の柔軟化が進んでいたが、２０２０年春のコロナ・パンデミックは、テレワークの急拡大という革命的な事態を引き起こした。就業者と経営者双方の間で、働き方や労働時間についての意識革命が進んでいる。各政党の間で、パンデミック後にテレワークを定着させるための、法的な枠組みについて激しい議論が行われている。

日独間には企業文化や社会慣習の違いがあるので、ドイツの仕組みをそのまま１００％日本に移し替えることは難しいだろう。「文化の違い」として、あきらめてしまう人も多いかもしれない。

だがテレワークが普及しているのは、ドイツだけではない。日本の外では、パンデミックをきっかけとして働き方が変わり、デジタル化が加速することは確実である。「場所に左右されない働き方」は、世界経済に革命的な変化をもたらすかもしれない。

我々日本人は、「どうせ文化が違うから」という諦観から、この流れに対して目を閉じるべきではない。コロナ以前の働き方だけに固執していたら、日本は労働生産性においてドイツなど他の国々にさらに水をあけられるかもしれない。

ドイツ同様に、日本の労働人口は今後減っていく。そのため、高い技能を持ち、勤勉かつ優秀な外国人を受け入れる必要がある。日本社会がワークライフバランスを改善しなくては、優秀な頭脳は我が国を避けて通るかもしれない。高いスキルを持つミレニアル層にとっては、高い給料だけではなく、「生活の質」も極めて重要だ。日本では、そのことを理解していない人が多すぎる。この危機感が、私にこの本を書かせた。

出版に向けて尽力して下さった、ＳＢクリエイティブ・学芸書籍編集部の小倉碧氏に心から御礼を申し上げる。

２０２１年３月　ミュンヘンにて

熊谷 徹

参考ウェブサイト

フラウンホーファー労働経済・組織研究所（IAO）と
ドイツ人事労務協会（DGFP）
https://www.dgfp.de/

内閣府
https://www.cao.go.jp/

EU 統計局
https://ec.europa.eu/eurostat

Bitkom
https://www.bitkom.org/

DAK Gesundheit
https://www.dak.de/

シュピーゲル誌
https://www.spiegel.de/

インフラテスト・ディマップ
https://www.infratest-dimap.de/

OECD
http://www.oecd.org/

エクスペディア
https://www.expedia.co.jp/

など

著者略歴

熊谷 徹（くまがい・とおる）

1959年東京生まれ。早稲田大学政経学部卒業後、NHKに入局。ワシントン支局勤務中に、ベルリンの壁崩壊、米ソ首脳会談などを取材。90年からはフリージャーナリストとしてドイツ・ミュンヘン市に在住。過去との対決、統一後のドイツの変化、欧州の政治・経済統合、安全保障問題、エネルギー・環境問題を中心に取材、執筆を続けている。著書に『5時に帰るドイツ人、5時から頑張る日本人』（小社刊）、『ドイツ人はなぜ、年290万円でも生活が「豊か」なのか』『ドイツ人はなぜ、1年に150日休んでも仕事が回るのか』（青春出版社）、『住まなきゃわからないドイツ』（新潮社）など多数。『ドイツは過去とどう向き合ってきたか』（高文研）で2007年度平和・協同ジャーナリスト基金奨励賞受賞。

ホームページ：http://www.tkumagai.de
メールアドレス：Box_2@tkumagai.de
フェースブック、ツイッター、ミクシーでも実名で記事を公開中。

SB新書　541

ドイツ人はなぜ、毎日出社しなくても世界一成果を出せるのか

7割テレワークでも生産性が日本の1.5倍の秘密

2021年 4月15日　初版第1刷発行

著　者　熊谷 徹

発行者　小川 淳

発行所　SBクリエイティブ株式会社
〒106-0032　東京都港区六本木2-4-5
電話：03-5549-1201（営業部）

装　幀　長坂勇司（nagasaka design）
イラスト　大西悟史
本文デザイン　荒井雅美（トモエキコウ）
D T P　米山雄基
編　集　小倉 碧（SBクリエイティブ）
印刷・製本　大日本印刷株式会社

本書をお読みになったご意見・ご感想を下記URL、
または左記QRコードよりお寄せ下さい。
https://isbn2.sbcr.jp/09665/

ISBN 978-4-8156-0966-5

SB新書

なぜドイツは残業なしでも経済大国なのか?
5時に帰るドイツ人、5時から頑張る日本人
熊谷 徹

地方を縛る「幻想」を振り払え!
まちづくり幻想
木下 斉

知られざる京都、48の発見
おひとりからのひみつの京都
柏井 壽

どんな相手からも信頼される伝え方の極意
伝え方の作法
池上 彰
佐藤 優

古代から近現代まで歴史の謎を解き明かす
新説の日本史
河内春人・亀田俊和・矢部健太郎
高尾善希・町田明広・舟橋正真